雲の伯爵●富士山と向き合う阿部正直

西野嘉章

平凡社

12 b B

［凡例］

一、二〇一三（平成二五）年六月、東京大学総合研究博物館は一般社団法人「蟲喰鷹ノ羽」より、（旧）阿部伯爵家が代々継承してきた遺産の一部の寄贈を受けた。

一、阿部家の相続遺産に含まれる当主正直の遺産は、画像（キャビネ判ガラス乾板、大判プリント写真、シネフィルム、コンタクト・プリント等）、一九三二（昭和七）年四月二二日から一九四一（昭和一六）年一月二六日に至る間の気象観測記録シート（日時、気圧、天候等のデータに加え、変容する山雲の写真・描画を貼付した台紙）、気象観測機器、風洞実験装置、撮影機材、計測装置などの理化学機器とそれらに拠る実験データ（含画像）、そして大正末期から晩年に至るまでの日記を含む私物類、雲・気流に関する研究書ほかである。戦前の富士を撮影した映像資料の一部が東京国立近代美術館附属フィルムセンターの収蔵品となり、気象学関係の実験器具類は国立科学博物館へ寄託されていた。前者については総合研究博物館への寄贈資料に同種のものが存在し、後者についても、阿部家の意向で寄託品をすべて引き上げることとなり、阿部正直雲研究遺産は現在のところ、御殿場市の教育委員会と「富士山樹空の森」、総合研究博物館の三ヵ所に分蔵された状態にある。もっとも、これらとても阿部家遺産の全体からみればごく一部でしかない。事実、阿部家のお膝元であった広島県福山市の市立福山城博物館には阿部家の武家資料が集められている。また、文京区ふるさと歴史館にも、明治初期の殖産関係史料、明治二〇年代の経営関係史料、阿部家生活関係私文書など、「備後国福山藩主阿部家資料」五百三十四点が寄贈されており、それらは二〇一九(平成三一)年三月一日付でまとめて「文京区指定文化財」の認定を受けている。

一、近年、国内外での正直の再評価にはめざましいものがある。国内では、ＮＰＯ法人富士賛会議が二〇一〇(平成二二)年に御殿場市市民交流センターで開催した『雲の博士――阿部雲気流研究所資料展』が皮切りとなった。二〇一三(平成二五)年には御殿場で展覧会『富士山と雲に魅せられて――阿部雲気流研究所』が開催され、東京大学総合研究博物館のインターメディアテクでも、大学へ寄贈された阿部コレクションのなかから、一九二〇/三〇年代のアグファ社やエルネマン=キノックス社の家庭用映写機、昭和初期の和製映写機など、各種映像機器をフィーチャーした企画展示『キネマの誕生』が二〇一四(平成二六)年春より常設展示されている。また、二〇一五(平成二七)年初めには伊豆フォト・ミュージアムで展覧会『富士定景――富士山イメージの型』が開かれ、その第二部で正直の遺産が紹介された。同年秋には福山城博物館でも、二〇一一年の市制九十五周年記念『大阿部家展――その流れと武家文化の粋』に続く『福山阿部家展――受け継がれた武家資料』が開催され、一部で阿部正直の紹介もなされている。

一、巻末の「参考文献抄録」に示される通り、海外でも正直への関心が高まりを見せている。正直の雲研究資料の発掘に寄与したドイツ人ヘルムート・フェルター氏が、二〇一〇(平成二二)年にブラウンシュヴァイクの写真美術館で資料の一部を公開しており、以後、二〇一一（平成二三）年末から翌年にかけヴィンタートゥールの写真美術館、二〇一三（平成二五）年にロッテルダムのオランダ写真美術館への巡回も実現している。

一、巻末の「阿部正直著作抄録」については、主としてヘルムート・フェルター氏の著作（Helmut Völter, *The Movement of Clouds around Mount Fuji: Photographed and Filmed by Masanao Abe*, Leipzig, Spector Books, 2015, pp.369-370）を参照させて頂いた。

一、本書中でしばしば引用される阿部正直の「遺稿」は、没後五十周年記念展『雲の伯爵――伯は博を志す』図録（御殿場市教育委員会、二〇一六年一二月）に掲げられた「遺稿集」による。ここに記して、編集にあたられた御殿場市教育委員会の関係各位に御礼申し上げる。書中では『遺稿集』と略記してある。

一、また本書中で『遺稿集（草稿）』とされているものは、勝俣竜哉、勝間田仁美、加藤豊、三氏の共編になる『遺稿集（草稿）』（御殿場市教育委員会社会教育課、二〇一七年三月）に拠る。編集に当たられた三氏に対し感謝の意を表したい。

目次

■はじめに……15
■発明を志す……28
■名門を担う……66
■世界を巡る……83
■先達を訪う……101
■山雲と逢う……128
■海外に出る……155
■記録を残す……169
■視像を創る……195
■観測を行う……214
■先端に立つ……244
■官職に就く……268
■戦後を生く……285

■おわりに……305
阿部正直略年譜……316
阿部正直著作抄録……321
参考文献抄録……327
あとがき……329

雲の伯爵●富士山と向き合う阿部正直

米人発明王トーマス・エジソン（一八四七—一九三一）が動画上映装置「キネトスコープ」の開発に成功したのは、一八九一（明治二四）年のことであった。その後を追うように、四年後の一八九五（明治二八）年にはフランスでも、オーギュスト・リュミエール（一八六二—一九五四）とルイ・リュミエール（一八六四—一九四八）の兄弟が、複合映写機「シネマトグラフ」の開発に成功した。

いまだ映画用機材の開発など思いも及ばなかった明治の日本では、さしあたって欧米から将来された舶来品に縋《すが》るしか手がなかった。実際、一八九六（明治二九）年に神戸で動画像が初公開されているが、そのさいに使われた機材は、すべてエジソン社製品であった。これが、後日、国内映画史における「キネマ」上映の始まりとされることになった出来事である。

翌年にはフランスから「シネマトグラフ」が将来された。米国ニュージャージー州のエジソン社の開発になる「ヴァイタスコープ」がそれに続いた。家具調キャビネット型をしたものが「キネトスコープ」であった。天板部の覗き窓に両眼を当てると、ボックスのなかで一秒間に四十六コマの速度で廻転する、四十フィートほどのフィルム映像を、およそ三十秒間に亘って上から覗き見ることができる。いわゆる「ピープ・ショー」型の装置であった。それに対し、二つの廻転リールを外装させた「ヴァイタスコープ」では、映像を、文字通り「投影」することができた。一度に大勢の観客が動画を楽しめたのである。

機種の違いはあったにせよ、映像機器の導入が盛んになるにつれ、舶来の装置を使った上映会が都市部の繁華街で催されるようになった。「キネマの誕生」に端を発した、地球規模の潮流を後追いするかたちで、明治後半期の日本でも動く映像の時代が始まろうとしていたのである。

一八九七（明治三〇）年は、大阪と東京で映画の公開がなされた年として記憶に値する。東京では、一八九一（明治二四）年神田錦町に開業した貸席「錦輝館」が初上映の場となった。興行を主催したのは（旧）長岡国与板藩の出身者新居三郎（生没年未詳）であった。新居は若くしてアメリカへ移住し、十年余りに亘る農業での成功を土産に帰国、仲間とともに興した「新居商会」で各種の興行を企て、名声を博した。三月六日に「錦輝館」でおこなわれた興行「電気活動大写真会」では、前年にアメリカから輸入された「ヴァイタスコープ」が使われている。

欧米から上映装置がもたらされた当初、フランス製の「シネマトグラフ」を「自動幻画」、米国製の「ヴァイタスコープ」を「活動写真」と使い分けていた日本人は、やがてそれらの区別を廃し、まとめて「カツドウ」と呼ぶようになった。「生きた絵画」から「動く幻影」へ、映画導入の意義はそのように約言できる。

本書の主人公、「雲の伯爵」こと阿部正直《まさなお》（一八九一―一九六六）が生まれたのは、奇しくも「キネトスコープ」誕生の年であった。正直は早くに「カツドウ」すなわち、動く映像の面白さに開眼させられた。没後出版となった回顧録『つるし雲』には、幼い頃の思い出が活写されている。

一八九八（明治三一）年のある日のことである。正直は両親に連れられ、家職らとともに、両国の大川端にあった料亭「二洲楼」を訪れることになった。

思えば、明治三十一年、八歳の時である。所は、料亭の貸席と覚えている。父に連れられてそこへ動く写真を見に行ったことがある。三部屋を通して客席に当て、暗くして、正面には四メートル四方ぐらいの白い幕を張り、その中央に、長方形の四角い光線が当たってきらきら輝いていた。その光のなかに雨のようなたくさんの縦線を背景として何か動いている。観客はみな畳に坐ってその光る場面を固唾をのんで真剣な顔つきで眺めている。

これが当時日本に初めて輸入された映画（活動写真）発表会の光景であった。私は映写幕から三メートルぐらいのところに坐ったが、これが上等席で、幕に近いほど上席であった。いま考えれば、雨のような光景は、フィルムのきずである。その前で何か白い三つの塊が動いている。だんだん気が落ち着いてきてよく見ていると、それは三人の外国婦人が、白服で長いスカートをはいて、足を上げ、カンカン踊りのようなダンスをしていることがわかった。もっとスクリーンから離れた下等席であったら、最初から婦人のダンスであるぐらいは発見できたに相違ない。そのつぎはスコットランドの女王が断頭台の露と消える写真で、気が落ち着いたせいか、写真が前のより鮮明であったのが、最初からよくわかった。首切り役人三人が女王を目かくしして連れてきて処刑するのだが、これが三回も繰り返される。三度も首を切られるのだから、女王もたまらない。フィルムが短尺なためで、笑いたくなるところだが、笑う人は一人もいず、みな真面目になって驚いて見ている。いかにもほんとうらしい動きに驚かされているからである。

没後五十周年記念展の図録に附録として収載された『遺稿集』には、「本郷西片町の家から人力車八台を連ねて父母と我々子供三人の外使用人その他で大体八人位で見物に行った」とある。「上等席」に座らされたというから、阿部家御一統が、当夜の主賓であったに違いない。

「二洲楼」で「活動写真」が上映されたとのニュースを報じたのは『都新聞』であった。発行日は二月二三日となっている。したがって、阿部家の面々が見た「ヴァイタスコープ」上映会は、少なくとも二二日以前だったことになる。正直は幼くして最初期の映画上映に立ち合っていたのである。

「カツドウ」の黎明期にあっては、活弁家駒田萬次郎（一八七七—一九三五）の名前がよく知られていた。「好洋」と称した駒田は、燕尾服にシルクハットのいで立ちで、上映前に口上を述べるのを習いとした。正直の回想するところによれば、「頗《すこぶ》る、非常」が「好洋」の口癖であった。

正直が、おそらく活弁家「好洋」の口上を聴きながら初めて眼にした「カツドウ」は、三人の西洋人女性が、脚を蹴り上げ、とんぼ返りし、くるくる廻転しながら踊る実写映像と、スコットランド女王メアリーが断頭台に上げられ斬首される創作映像の二本であった。前者は一八九六（明治二九）年から多くの「サイレント」を制作してきたアメリカン・ムトスコープ・カンパニーが一八九七（明治三〇）年に制作した短尺シネマ『ダンス、フランコネッティ姉妹』、後者はエジソン研究所が一八九五（明治二八）年に制作したサイレント短編『メアリーの断首』であったことが、映像アーカイブから確認できる。アクロバティックなダンス・シーンは四十秒の短尺シネマであり、正直が「三回も繰り返される」と回顧しているのは後者の方で、わずか四十秒足らずのあいだに女王が「三度も首を切られる」という、今日の眼からするとまこと滑稽にして子供じみたものであった。

「カツドウ」の上映はとりあえず、活弁をともなう四十秒程度の短尺モノから始まった。フィルムの尺数が最初の映写機とされる「キネトスコープ」の機制に縛られていたためである。ともあれ、千フィートを超える長尺モノが市中で観られるようになったのは、それからかなり後になってからのことであった。尺の長い映画を上映できるようになるには、上掲機の改良型「ヴァイタスコープ」で採用されたオープン・リール型装置の定着が求められる。そのため、時間がかかったのである。長尺モノが市中に出回り始めた当初は、弁士が観客に時計を注意して見るよう促したと言われる。忘我の状態で「カツドウ」に浸っていると、時間の感覚が失せ、「長尺」の有り難さを忘れてしまうからである。「カツドウ」を目の当たりにした正直の回想は、言うならば「分析的」である。そのことは一歳年下の作家芥川龍之介（一八九二―一九二七）が「活動写真」について、随想「追憶」に記した思い出と較べるとはっきりする。芥川も正直の体験から少し遅れて、やはり父親に連れられ大川端の「二洲楼」で「カツドウ」を見ていた。

僕がはじめて活動写真を見たのは五つか六つの時だったであろう。僕は確か父といっしょにそういう珍しいものを見物しに大川端の二洲楼へ行った。活動写真は今のように大きい幕に映るのではない。少なくとも画面の大きさはやっと六尺に四尺くらいである。それから写真の話もまた今のように複雑ではない。僕はその晩の写真のうちに魚を釣っていた男が一人、大きい魚が針にかかったため、水の中へまっさかさまにひき落とされる画面を覚えている。その男はなんでも麦藁帽をかぶり、風立った柳や芦を後ろに長い釣竿を手にしていた。僕は不思議にその男の顔がネルソンに近かったような気がしている。が、それはことによると、僕の記憶の間違いかもしれない。

正直の回想するところは、生真面目な人間の言にしては珍しくユーモラスなものであったが、映像の見え方について触れている点に特徴がある。動く画像の場合、スクリーンから三メートルの距離では、近過ぎて内容を把握し難い。むしろ、少し後ろの座席から離れて観た方が、全体状況がよくわかると言っているからである。その観察は科学的精神の持ち主ならではのものであり、映像によって示される物語の結構について語る作家と、微妙に観点が違う。

『遺稿集』のなかには、先述の貸席「錦輝館」での体験についての言及もある。永井荷風（一八七九―一九五九）が『濹東綺譚』の冒頭で、「明治三十年頃」に「サンフランシスコ市街の光景を写したもの」を観たことがある、と書いていることでも知られる貸席である。「錦輝館」ではスクリーンとの距離も適度に保たれており、映写機の改良も進んでいた。正直は「あまり鮮明で前回のとは比較にならない」と回想している。もっとも、画面縦方向に走るキズだけは如何ともし難かった。「ザーザーパッパ」という画面であったにもかかわらず、観客は「皆感心して見ていた」と記されている。

正直の回想は細部にまで及んでいる、「この錦輝館上映の際弁士がそれに用いた連続写真を演台の上で見せたがその時の写真の記憶で五糎平方位の多分硝子乾板からなると思う写真板が各蝶番で連続してあってそれが折重なっているのであった」。幻燈用ガラス種板をつなげた「活動写真」からシネフィルムの「カツドウ」へ、その転換が、今そこで、起こりつつあった。

「錦輝館」でも同じような上映方法をとっていた。正直がそこで観たとしているのは、「エジソン研究所前通りを電車が一台通りその傍らでホースで水をまいている」ところ、「海岸で波がよせていてそこに犬が出て来て歩いている」ところ、「農家の軒下で女の子が鳩に豆をやっているとそのうち鳩は飛去る。近くの樹には一頭の馬がつないであって尾を振っている」ところの三編である。正直はそれらの映像の鮮明さに満足したと書いている。最後のものについては、馬が尻尾を振る様子が「真に迫ってて感心した」との附言もある。

なぜ、老境に入ろうとする正直が、回顧録を認《したた》めるさい、かくも詳しく、過去に観た映像の記憶を辿り返せたのか。そのことは遺族の許に残されている、幼少期のスクラップ・ブックを見ると、ただちに氷解する。映画のチラシ、広告、ブロマイド、プログラム、チケット、スチールが貼り込まれているばかりか、幼い頃に観た「カツドウ」との関連を窺わせる略画が、そこにいくつも登場するからである。

正直は幼い頃から自らの体験を記録にとどめることを習いとしていた。こと映画に関して言えば、リュミエール兄弟が一八九五（明治二八）年に南仏の田舎駅で撮影し、翌年一月にパリで公開され、世界最古の「シネマトグラフ」として知られるようになった『ラ・シオタ駅への列車の到着』、同年にやはりリュミエール兄弟が制作したものであるが、紗を閃かせながらくるくると廻転する動きで一躍有名になった米人舞踏家ロイ・フラー（一八六二―一九二八）の『サーペンタインダンス』、一九〇一（明治三四）年にフランスで制作されたシネマトグラフ『ロイ・フラー』といったものが、略画として残されている。これらの映像の東京における上映時期は、残念ながら確定し難い。とはいえ、両国での上映会からそう遠くない時期だったろうと推察される。

正直は一九二四（大正一三）年にフリッツ・ラング（一八九〇―一九七六）が監督したウーファー配給無声映画『ニーベルンゲン――クリームヒルトの復讐』から一九三六（昭和一一）年の山本嘉次郎（一九〇二―一九七四）脚本・監督の東宝映画『エノケンの千万長者』まで、実に数百本の「サイレント」「トーキー」を観ている。簡単なものながら、「フィルモグラフィ」を残すほどの、几帳面な映画フリークだったのである。

幼少期の「カツドウ」に始まる映画熱を一気に燃え上がらせるきっかけとなったのが海外旅行における体験であった。上記の「フィルモグラフィ」は帰国直後から始まっており、そのことが証となる。ロンドン、パリ、ベルリンなど、海外滞在中に映画を観る体験を重ねるうち、商業映画の面白さに開眼したようである。

ともあれ、「カツドウ」の初体験は、八歳の少年の心に深く刻まれた。その視覚経験が子供の将来を決定づけることになろうとは、両親をはじめとする周囲の誰も思い至らなかったに違いない。

■発明を志す

強く眼に刷り込まれた幼年期の体験というのは、芥川の場合もそうであったが、長く記憶に残るものらしい。「カツドウ」の上映会で眼にしたものは、原体験となり、映像への憧憬、動く映像を生み出すメカニズムへの関心、さらには新しいモノを生み出すことの愉楽を、少年の心のなかに覚醒させることとなった。

正直が映像それ自体に関心を寄せ、さらにはそれらを生み出す機器の創作に取りかかったのは早かった。事実、お茶の水女子高等師範学校附属幼稚園を終えて学習院初等科に入学すると、少年は工作に多くの時間を費やすようになる。まるで「カツドウ」に魅入られたかのようであった。

たしかに、十代の子供の工作物ではあった。しかし、それらを単なる戯れや遊びの所産と見下してはならない。少年が造ろうと挑戦したモノは、どれもアイデアや仕掛けの面で、大人顔負けの創意を感じさせずにおかぬものだったからである。

そのことを如実に示す一冊の写真帖がある。サイズはA五判で、折り帖式アルバムとしてさほど珍しいものでない。明治末年のこと故、外国から輸入されでもしたのであろうが、「既製品」のように見える。なぜ「既製品」などと、わざわざ断りを入れるのかと言えば、正直がやがて残すことになるモノの多くは、あるいは特注品か、あるいは自製品か、さもなければ既製品を加工したものであり、既製品そのものというケースの方が、むしろ稀だからである。

図版一二「十代工作中ノ自分」、ゼラチン・シルバー・オリジナル・プリント、アルバムに貼り込み、一九〇〇年代（撮影者未詳）。

「ALBUM」の表題のある側から折り帖を開いてみよう。見返しには目次を書いた別紙が貼り込まれており、そこに以下の七枚の写真についての説明が、幼さを感じさせる書体で記されている。

第一頁には、障子を背に、坊主頭の少年が、四畳半ほどの部屋で身をこごめるような姿勢で、工作に励んでいるところを撮った写真が貼り込まれている[図一]。縁側越しに、ローアングルで眺められた写真である。家人の誰かに頼んで撮ってもらったのであろう。

目次によると、最初の写真は「十代工作中ノ自分」だとある。少年は袴穿きで工作の材料を回りに散乱させながら、小刀で何かを削り出そうと夢中である。傍らにはヨットらしき帆船が二隻見えている。縁側の鴨居から吊されているのであろうが、後述の「空中写真撮影機」も写り込んでいる。

第二頁、第三頁には、「刷子《さつし》シネマ用」の「簡単駒写《こまうつし》カメラ」、「シネカメラ」を写した写真と、それらを使って撮影した写真のコンタクト・プリントが貼り込まれている［図二上］。幸いなことに正直の遺品のなかに、この写真機の現物を見ることができる。正面から見ると十四センチ角の正方形をしている。長さは二十三センチあり、立派な大型箱形カメラの体をなしている。本体は杉板からなる。表面の仕上げはニス塗りである。右手側には手廻し式のクランクが出ている［図二上、一二下］。

上部にファインダーを附随させた「シネカメラ」の方は、被写体をひとコマずつ連写できるシネフィルム撮影装置である。いずれも木製の本体に、手製部品と市販部品が巧みに組み合わされている。

「刷子シネマ」は、フランスのリュミエール兄弟が一八九六（明治二九）年二月に特許を取得し、英国で流行をみた「キノラ・ビューアー」を、国内業者がアマチュア用に開発し、市販していたものである。「家庭用モーション・ピクチャー」というのがそのセールス惹句であった。動いている被写体をコマ撮りした三十五ミリ・フィルムのコンタクト・プリントの一辺を綴じて円盤状に纏《まと》

め、それを廻転させ、動画として眺めさせる視覚装置であった。両頁の右上には、本体の一部を開口した状態で撮影した写真が、それぞれ貼り込まれている。内部構造がそれらから看て取れる。正直の言う「簡単駒写カメラ」は、アルバムに残された写真から断ずるに、「キノラ・ビューアー」用のコマ撮りにも、シネカメラにも使える、兼用型撮影機のつもりだったのかもしれない。

なお、一九〇七（明治四〇）年五月ロンドン中心街のニュー・ボンド・ストリートにキノラ商会を興したウィリアム・トーマス・スメドレー（一八五八—一九二〇）は、翌年、アマチュア向けの「キノラ・カメラ」のフル装備を二十六ポンドで売り出した。それを使うと、一インチ幅のセルロイドないし印画紙のロールで千コマの撮影が可能であると言われていたが、一九一四（大正三）年の火事で社運が傾き始めたところに、「シネマトグラフ」の流行が追い打ちとなって、六百本近く制作されていたリールも、「キノラ・カメラ」も、ともに市場から姿を消すことになった。正直十代の工作物は、海外における「キノ

図版二一（上）阿部正直自製「簡単駒写カメラ」とコマ撮り写真／（下）阿部正直自製「実物幻燈」、ゼラチン・シルバー・オリジナル・プリント、アルバムに貼り込み、一九〇〇年代（阿部正直撮影）。

ラ・カメラ」の出現を先駆けていたのである。

写真帖の構成もそうなのであるが、自分で工作したモノを、写真に撮り、図解的に説明するというのは、あまり普通のことと思われない。しかし、これが正直なのである。説明資料を用意し、それを披瀝してみせる。そうすることによって、他者の理解を促す。と同時に、自分の為していることを、改めて確認し直す。正直にはそのような無意識的な自己確認作業が必要だったのかもしれない。この、言うならば「習性」のようなものを、正直は生涯に亘って繰り返すことになる。そのおかげで膨大な記録が残されたのである。

話を写真帖に戻そう。撮影装置を自作するにあたって少年がお手本としたのは、ロールフィルムを使う米国製カメラであった。ニューヨークに本拠を置いていたイーストマン乾板フィルム有限会社が一八八八(明治二一)年に販売を始めた箱形カメラ「ザ・コダック」、さらにはそれを原型として改良を加え、三年後に発売した箱形の「オーディナリー・コダック」、一八九九(明治三二)年

「コダック」の傘下に入った「ホークアイ」など、同時代の製品で思いつくものはいくつかある。

これらの系列に属するものは、乾板を用いるものと違って、どれもロールフィルムを使う。そのため、一度に百枚以上撮影することができた。その長所がロールフィルム・カメラの「売り」になっていた。正直はいずれかのロールフィルム型新鋭機を、後述の通り、華族の仲間裡でアマチュア写真家として活躍していた父親の周辺で手にする機会に恵まれていたのである。

正直が自製のカメラで撮影した写真のコンタクト・プリントの判型は、縦二十四ミリ、横三十六ミリである。このサイズは、シネカメラの発明で知られるスコットランド人ウィリアム・ケネディ・ローリエ・ディクソン（一八六〇―一九三五）がジョージ・イーストマン（一八五四―一九三二）の発案になるセルロイド製フィルムを使って一八八八年に開発した「キネトグラフ」用三十五ミリ・シネフィルムの判型に準ずる。映画フィルムの画面サイズ二コマ分に相当することから、一本のロールフィルムで四百コマ、すなわち静止画に換算すると四百枚の撮影が可能であった。

正直の残したコンタクト・プリントには、おそらく二歳年下の弟正之（一八九三―一九七二）であろうが、学帽を被り空気銃を手にした袴姿の少年が捉えられている。四隅が幾分《いくぶん》蹴られてはいるものの、露出もピントも適正である。その写真がどのような経緯で誕生したのか、これについては後段で詳述することにしたい。

第四頁には、目次で「実物幻燈」の名前が賦されている［図二下］。縦、横、高さが、それぞれ三十センチほどの立方体状の木製の箱で、上蓋と左右の側面が蝶番で開くようになっていた。正面には直径十七、八センチの大きな穴が開けられており、本体中央部に円筒形をしたレンズの端部の如きものが見えている。ランプの炎を光源とする幻燈機のようなものだったろうと想像されるが、実物が残っておらず、推測の域を出ない。もっとも、正直の遺品のなかには舶来の幻燈機が何台もある。カメラを使って捉えたイメージを、実体のある「紙焼」としてではなく、虚ろな「映像」として再現してみせることが、若い時分から晩年に至るまで、つねに変わらぬ関心事としてあったのである。

第五頁にも驚くべき写真が登場する［図三上］。「模型飛行機」と説明されているからである。面積の大きな四角の翼四枚に三角形の垂直尾翼をもった単葉プロペラ機で、動力装置としてどのようなものが想定されていたのかはわからない。プロペラはブリキ板を加工して作ったもののようである。左右に伸びる主翼は、鳳が翼を広げたように見える。実に美しい形状をしている。

周知の通り、航空機が戦争の道具として使われるようになったのは、第一次世界大戦のときからである。といっても、当時の日本には陸海軍合わせて二十機ほどの装備しかなく、しかもすべてフランス製の「アンリ・ファルマン」であった。加えて複葉機全盛の時代であったことを考えると、それに先立つ明治末期に、模型といえ、かくも美しい形状の単葉機を考案していたことは驚嘆に

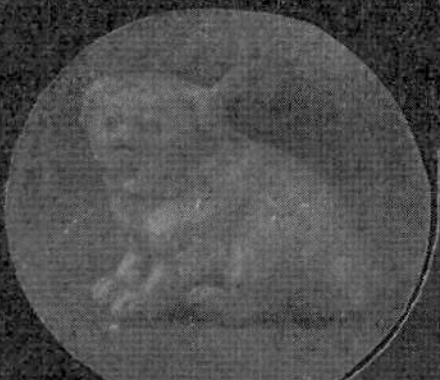

値する。同時期に制作されたと思われる合成写真のなかに、プロペラ飛行機のようなものに跨って空中を翔ける少年の姿が登場する［図九左下］。正直は子供の頃に、天駆けること夢見ていたのかもしれない。附言するなら、一九三〇（昭和五）年の二度目の海外旅行のさい、正直は自ら創作した「模型」と翼のかたちがよく似た独国ドルニエ社製新型飛行艇で、その乗り心地を味わうことになった。

第六頁には「変幻光線器（物体ガ変化スル）」との説明がある［図三下］。T字形をした箱を本体とする、覗きカラクリのようにも見えるが、これまた実態は不明である。身の回りの世話をする女中にでも手伝わせたのか、箱の各面の中央部に切り紙による薔薇花形装飾が貼り込まれている。人手を借りたろうと想像するのは、この種の附加的な装飾を施すことが、正直の理化学好みの性格に馴染まぬように見受けられるからである。

第七頁に登場するのが、冒頭に出てきた「空中写真撮影機」である［図四上］。

図版三―（上）阿部正直自製「模型飛行機」／（下）阿部正直自製「変幻光線器（物体ガ変化スル）」、ゼラチン・シルバー・オリジナル・プリント、アルバムに貼り込み、一九〇〇年代（阿部正直撮影）。

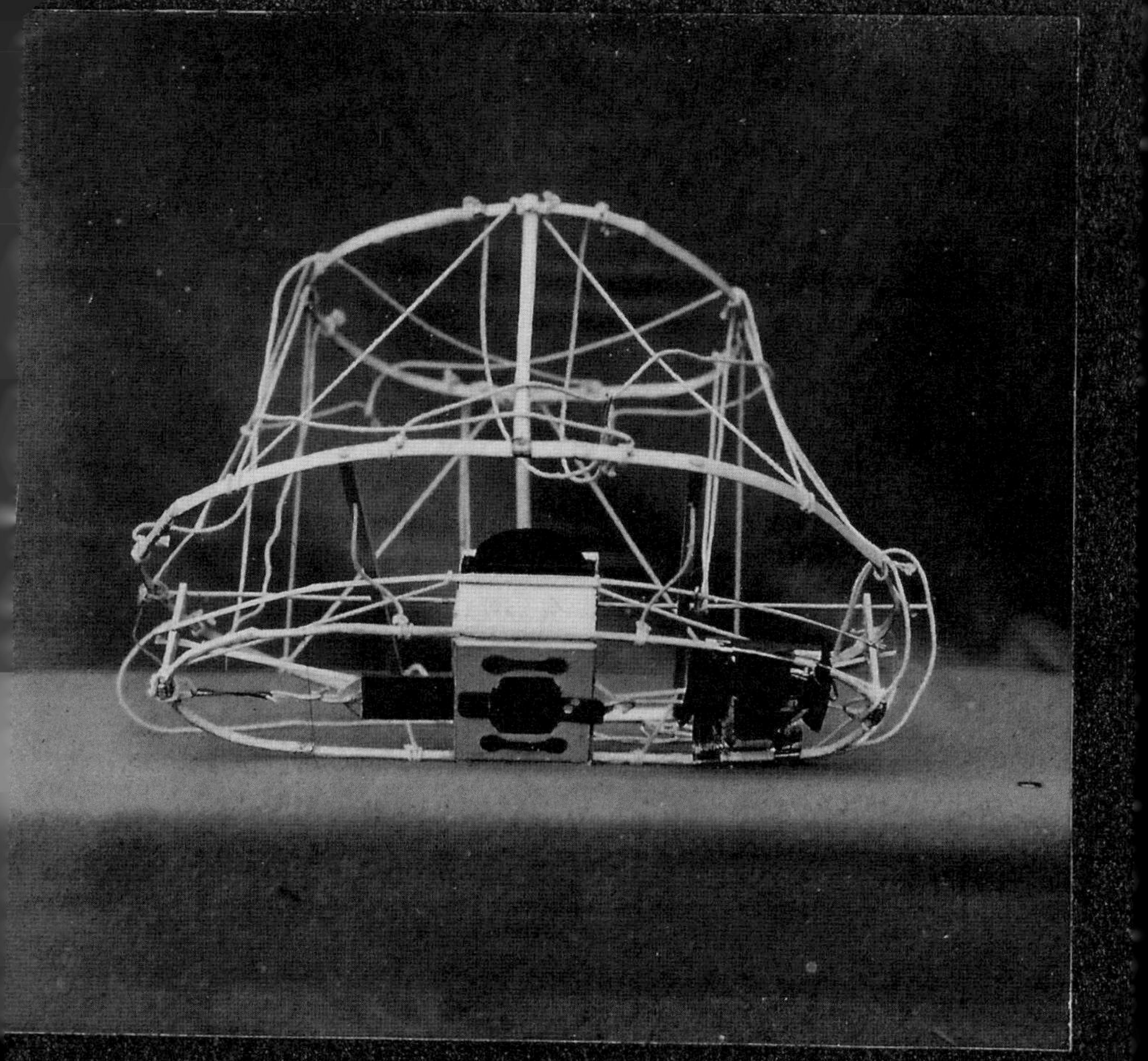

正直はそれをどのようにして空中へ揚げようとしていたのか。思えば、国内では一八七七（明治一〇）年に東京上野で開かれた「内国勧業博覧会」のさい、発明家で、島津製作所の創業者となった島津源蔵（一八三九―一八九四）がガス気球で飛揚に成功している。翌年には西南戦争に従軍した写真家横山松三郎（一八三八―一八八四）が、士官学校の軽気球に乗って空中撮影まで試みていた。

正直は『遺稿集』のなかで回想している、「たしか上野で最初の博覧会があった時かと思うが明らかではない。スペンサーと言う人が気球に乗って見せたのだから日本人には珍しい経験であったに違いない。上野には行かないが庭の上空にその風船が浮んで来たと思うとそれからパラシュートに乗ってその外人は上野方面へ降りて行ったのを記憶している」。「気球乗り」を自称する英国人パーシバル・スペンサー（一八六四―一九一三）がその曲芸を見せたのは、一八九〇（明治二三）年に東京府が主催した「内国勧業博覧会」のときである。

図版四一（上）阿部正直自製「空中写真撮影機」、ゼラチン・シルバー・オリジナル・プリント、アルバムに貼り込み、一九〇〇年代（阿部正直撮影）／（下）「本邸俯瞰写真」、ゼラチン・シルバー・オリジナル・プリント、台紙に貼り込み、一九〇〇年代（阿部正直撮影）。

上野では、上述の通り、一八七七（明治一〇）年にも博覧会が開かれていたことから、正直の言う「最初の」という形容詞はどうみても適切でない。とはいえ、まったくの思い違いとも言い難い。なぜなら、海外から参加者を迎えての「万国」博覧会としては、小規模ながらも、一八九〇年のそれが、間違いなく国内「最初の」博覧会だったからである。

興行当日の一一月八日には「上野博物館」の楼上に宮内大臣ら政府の要人を含む六百名近い見物客が集まったと言われるから、さぞかし大がかりな興行だったのであろう。しかし、正直の「記憶」には致命的な間違いがある。その年には正直もまだ生まれていなかったからである。どうやら両親、あるいは家人から聞かされた話を、自らの体験として受け止めてしまったということなのかもしれない。ともあれ、明治末には国内でもすでに有人気球を揚げて空撮を試みることが、単なる絵空事でなかった。そのため、正直が気球を使うことを考えていたとして不思議はない。

しかし、だからといって、十代前半の子供が普通に思いつくことなのかと問われるなら、即座に打ち消さざるを得ない。正直の考えたことは、人間を気球に乗り込ませる方法でなかったからである。基本原理は、まさに現代の「ドローン」そのものであった。本体は竹棒で組み立てられていたようである。底部を円形にしているのは、空中での安定性を担保するためだったのであろう。

後に正直はこのときのことを書いている、「上空から撮影する試みがして見たかったので気球に撮影装置を着けて自動的に働くようにするゴンドラを作り気球を計画したが現実に仕事進まずゴンドラ装置丈で終り、次に風を利用する方法もやったが写真機の安定が思うにまかせずこれも不成功、空中撮影に結局、鯉のぼりの高い竿を利用してそのパノラマカメラを引上げて数回撮影したが、これが案外功を奏して面白い空中撮影が出来た」。正直の遺品のなかに残されている、本郷西片町の本邸の庭を鳥瞰した写真は、プリントの裏面に「大正九(一九二〇)年五月十一日」の日付がありはするが、おそらくそのときに撮影されたものなのかもしれない［図四下］。

以上、アルバムに貼り込まれた写真群は、正直が十代の頃から写真や映像に強い関心を抱いていたことを如実に示している。それには父正桓《まさたけ》（一八五二―一九一四）の影響があった。

正桓は華族内で一九〇二（明治三五）年に結成された写真愛好会「華影会」の有力会員として知られる。「御一新」後の「殿様」たちを束ねた写真同好会には、米国でコロタイプ印刷技術やガラス乾板製造法を学んで帰った職業写真家小川一眞（一八六〇―一九二九）と、フランスで外光派の油画を学んで帰国し東京美術学校教授となった洋画家黒田清輝（一八六六―一九二四）の二人が、指導的な立場で参加していた。

小川と黒田はともに「帝室技芸員」という栄えある称号の持ち主であった。一方は写真家であり、他方は洋画家である。二人は異なる立場、違った視点から、アマチュア写真家たちの印画に批評を加える。そうした役割を担っていたようで、国内におけるピクトリアリズム写真の隆盛の先鞭をつけた。会の私家版の活動報告として残されている『華影《はなのかげ》』を調査した古写真研究家の井桜直美氏によると、正直の父は最も活発に印画を発表していた会員の一人であったという。

『遺稿集』を信じるなら、正直は十二歳のとき初めて映写機を手にしている。その映写機はもちろんのこと、幻燈機も、写真機も、父が買い揃えたものであった。正直の遺品のなかにあった米国製「グラフォフォーン」もそうである。コロンビア・フォノグラフ社が一八八六（明治一九）年取得の特許を使って一九〇一（明治三四）年からニューヨークとパリで販売を開始した蓄音機で、当時から名機として定評があった。それもまた父が購入したものであった。

それがきっかけになったのかどうかわからないが、「平円盤の吹込蓄音機を自製しようと思った」と正直は言う、「実際に実用とすることは困難であるが兎に角作って見た。西洋ローソクの蠟を溶かして平円盤を作り、瓦斯《ガス》燈用のほ

やの透明雲母板を利用して振動盤を作りその中央からワイヤーで針を作って取付けた。平円盤は手廻しで回転するようにしあらかじめ針の通る螺旋溝を浅く作って置いた。さて吹き込みとなると弟が大声で唱歌を歌う。自分は盤を廻して針が盤の中心部になった時に吹き込みを終えた。さてこれから再生音が出る順である。針を盤の縁に置いて又手動で蠟盤を廻した。『があがあがあ』何も歌らしい音は響いてこなかった。それでも弟はだまっていた」。プリミティブな科学探求には、当事者たちの意に反して、滑稽にさえ映るシーンが登場する。そのことを実感させる回想である。

父が華族内の写真同好会でピクトリアリズム写真を撮っている傍らで、その息子は、といってもいまだ十代半ばにもならぬ少年は、家で働く家職や女中を相手に、カメラ遊びに夢中になっていた。家人を撮った二枚一組の写真が二組ある。一つ目のセットは、芝庭に丸机と椅子を出して二人の男性がビールを飲み交わそうとしているところを撮ったもので、服装からして季節が夏である

図版五一（上）「無題」（男性版）／（下）同上、ゼラチン・シルバー・オリジナル・プリント、一九〇〇年代（阿部正直撮影）。

ことがわかる［図五上下］。もう一つのセットは、やはり庭に竹製の縁台を出し、二人の女性が佇んでいる。片方の女性はワイングラスを手にしており、もう片方の女性はリンゴの皮を剝いている［図六下］。男性版も女性版も、これら二組の写真は、一見すると何の変哲もないように見えるが、よくよく見ると奇妙なことだらけである。二人の人物は、身の丈、顔立ち、身なりがまったく同じ。ばかりか、相対しながらも、それぞれの人物の目線は他所《よそ》を向いている。仮に双子だったとしても、こうはゆかない。

どのように解すべきか。ヒントになるものがある。男性版を撮影したときに、悪戯半分で撮ったとおぼしき写真がある［図七］。カメラのレンズにガラスのコップを被せて撮ったもののようで、あたかも魚眼レンズを使って撮ったかのようである。さらに「超現実主義」とでも命名すべき、驚嘆すべき写真が何点かある［図八］［図九上］［図九右下］［図九左下］［図一〇］。それぞれの写真について個別の注釈を加えることはしないが、これらの写真から正直は十代にして二重露

図版六―（上）「無題」（女性版）／（下）同上、ゼラチン・シルバー・オリジナル・プリント、一九〇〇年代（阿部正直撮影）。

図版七―「無題」、ゼラチン・シルバー・オリジナル・プリント、一九〇〇年代（阿部正直撮影）。

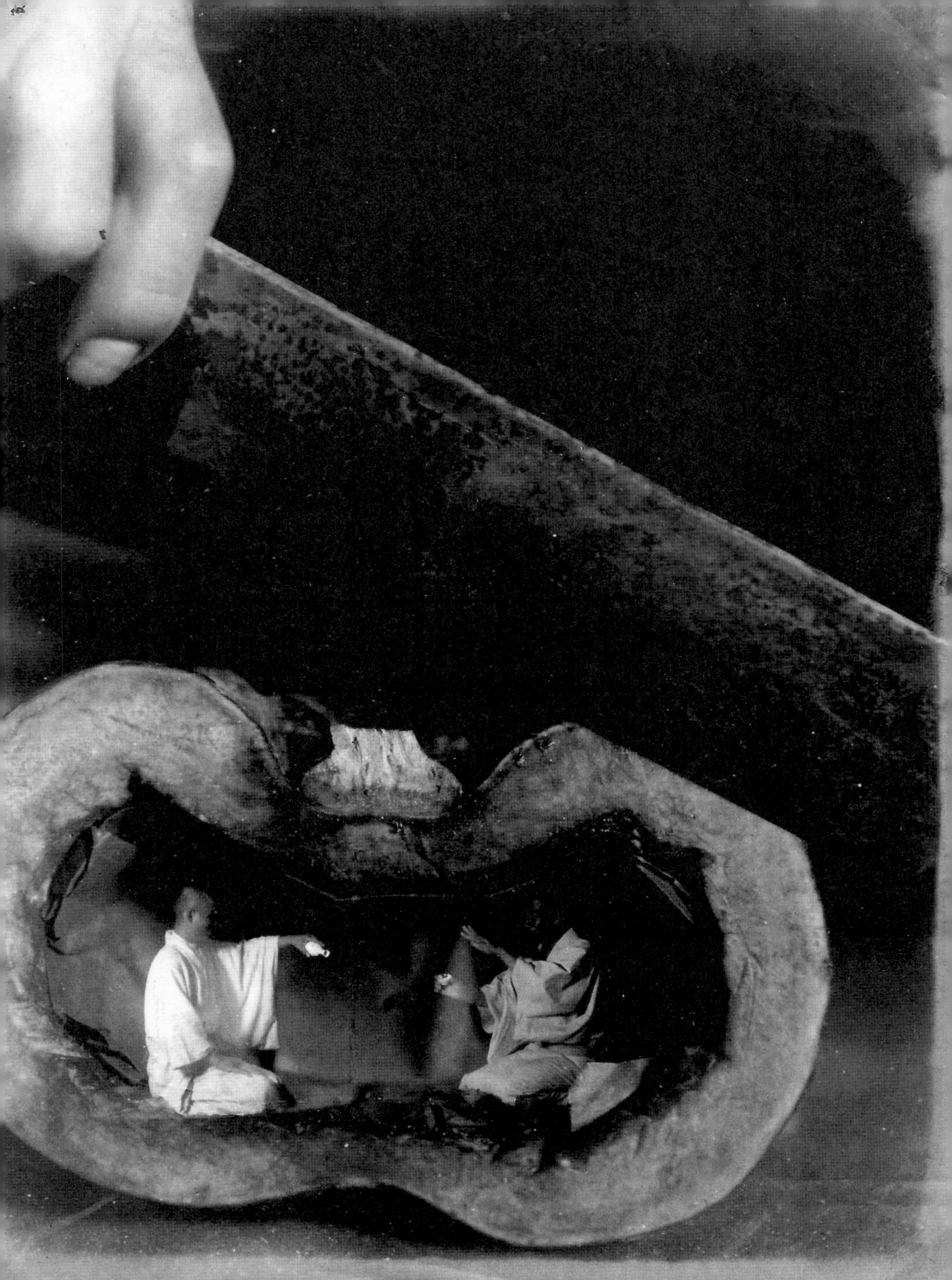

光の技術を、現像技術とともにマスターしていたことがわかる。ともあれ、日本における前衛写真の歴史のなかに位置づけてもおかしくないほど、質の高いビジョンを明治末年に正直少年は生み出していたのである。

正直十代の写真帖に出てきた自製カメラの話が『遺稿集』に出てくる。十二歳になった正直は父に頼み簡単な映写機を買ってもらい、家にあった幻燈機を光源にして投射する遊びに熱中したという。それを購入したのは、河浦謙一（一八六八―一九五七）が京橋区南金六町で創業した「吉澤商店」であった。

「吉澤商店」は浅草公園六区に遊園地「ルナパーク」を開設した映画総合商社として知られており、当時、幻燈機や映写機の製造販売業で国内一を誇っていた。また、神田錦町の「錦輝館」で「カツドウ」の上映会を主催するなど、国内映画史のなかで「日本最古の映画会社」として、あるいは「日本活動写真株式会社」通称「日活」の前身として語られる店でもあった。正直は幼くして、言うならば「映画のメッカ」に出入りしていたのである。

図版八―「無題」、ゼラチン・シルバー・オリジナル・プリント、一九〇〇年代（阿部正直撮影）。

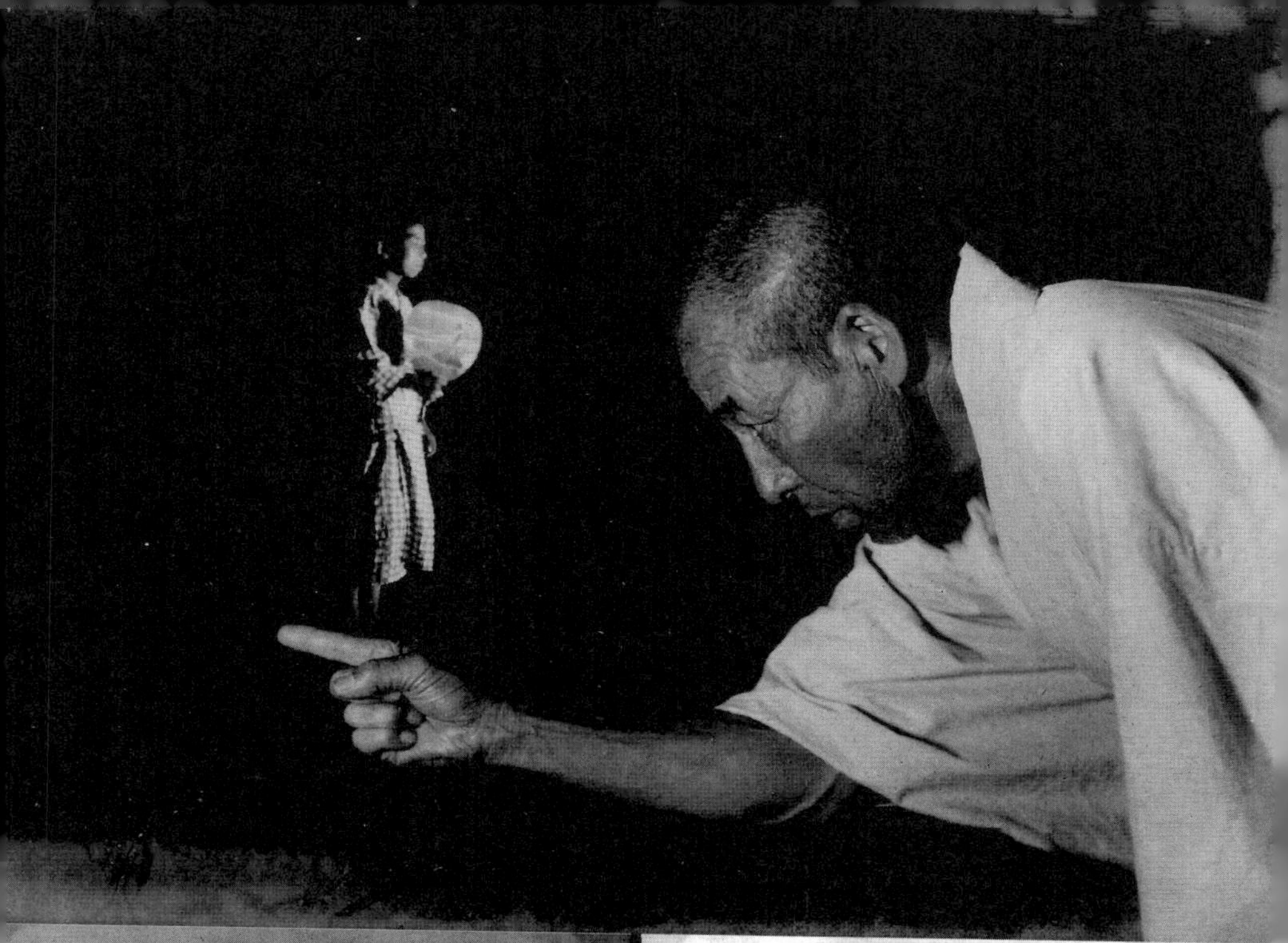

中学に入ると、映写するだけでは飽き足らなくなり、撮影に挑戦するようになった。最初は手持ちの映写機を利用するというものであった。「シャッターを大きくし撮影用とし、上箱を造って外部からクランクを廻すようにする」。それはフィルムが外れやすくて実用にならなかった。気やすく使えない理由はほかにもあった。三十五ミリ・シネフィルムは長尺でしか売ってもらえず、切り売りしてもらえないのが悩みの種だったからである。

ならば、ということで正直はフィルムを自製することにした。ロールフィルムを切って三十五ミリ幅の帯材を作り、それらをフィルム・セメントでつないでゆく。二、三メートルの長さがせいぜいであった。薄手過ぎて耐久性がなかったからである。それでもどうにかシネフィルムらしきものを手にすることができた。玩具の切符パンチを加工し、それを使って自製のフィルムに穴を開けてゆく。当然、穴は不規則なものにしかならなかった。しかし、何とか使いモノにはなった。馬車や河の流れをフィルムに撮影し、そのネガから撮影機を

図版九―(上)「無題」/(右下・左下)同上、ゼラチン・シルバー・オリジナル・プリント、一九〇〇年代(阿部正直撮影)。

使ってプリントを起こした。すると、何かが動いているといった程度には再現できたという。

第二のステップはコマ撮りする方法である。それは「刷子シネマ」という名で市販されていた玩具に近いものであった。暗箱の後方に黒布の袋を取り付け、片手を差し入れて小型乾板を切り替えながら、シャッターを切る。そのようなやり方でひとコマずつ撮影してゆく方法であった［図一一上］。

第三の方法が、先述の十代の写真帖にあった、木製カメラ［図一一下］を使ったやり方である。現在のブローニー判に近いフィルムを縦に切断し、それらをつなぎ合わせる。「フィルムの輪動は木製丸棒二個に各ゴム管をかぶせそれを並行に並べて廻転し、その間にフィルムを入れて送り出す方法である。多少のずれはあっても実用に差支えない。……最初に撮影したのは弟が空気銃を持って出て来てそれを発射する動作であるが、発射の気分を出すために歯磨粉をつめた。その結果パッと白煙が出るのが写っている。露出の調子は良好で鮮明

図版一〇―「無題」、ゼラチン・シルバー・オリジナル・プリント、一九〇〇年代（阿部正直撮影）。

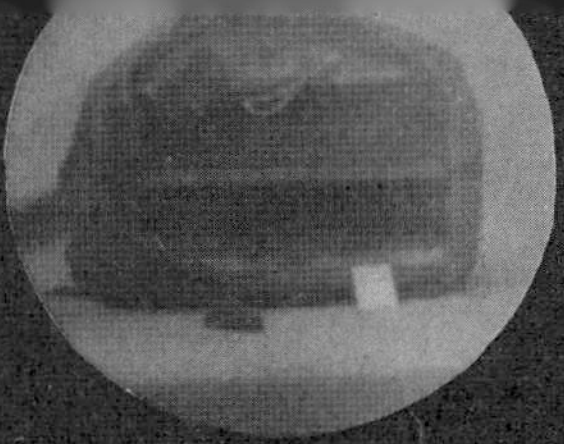

な刷子シネマが出来たが、数分程度のものに過ぎなかった」。正直は歯磨粉を使って「特撮」めいたことを、自製のカメラで試みていたのである。

いまだ映画フィルムの国際標準さえ定まらぬ時代のことである。国産のシネマ撮影機「キネオカメラ」を入手してからは、動画撮影に夢中になった。それは独国ドレスデンのカメラ製造会社エルネマンが一九一九（大正八）年に販売を開始した手廻し式三十五ミリ映写機「キノックス」をベースにした国産カメラで、神田駿河台の写真機材専門店「曽根春翠堂」が三十円ほどで販売していたものである。

「キネオカメラ」は三十五ミリ・スタンダード・シネフィルムを縦に半裁して、中央に穴の列を開け、各孔列の中間部に映像を取り込むというもので、フィルム幅が十七ミリ半であった。現像、焼付、映写の全プロセスに兼用できるとあって、使い勝手は良かったという。

一九二二（大正一一）年にはフランスのパテ社が「パテ・ベビー」というシネ

図版一一一（上）阿部正直自製「簡単駒写カメラ」、ゼラチン・シルバー・オリジナル・プリント、アルバムに貼り込み、一九〇〇年代（阿部正直撮影）／（下）阿部正直自製「簡単駒写カメラ」。

カメラを売り出した。それは九ミリ半のフィルムを使うもので、家庭用カメラのシェアを独占することになった。携帯用コンパクト・シネカメラは、以後、十六ミリから八ミリへと進化してゆく。海外から家庭用ムービーカメラが輸入されるようになる以前に、「キネオカメラ」のような多機能型シネカメラが国内生産され、それが広く使われていた。そのことを正直は後に高く評価するようになる。

以上が、不用のフィルムを切り売りしてもらうことから始まった映画とのつき合いの概略である。以後も、正直の映画に対する関心は拡大発展を遂げ続けた。次々と海外から最新の撮影機、三脚、各種レンズ、映写機、ガラス乾板、シネフィルムほかを取り寄せ、既製品に自らの手で改良を加えながら、我がものとしていたのである［図一―二］。欲しいものを手あたり次第に買い込む。伯爵家嫡男の正直に関して言えば、そのような無茶をしても、お金に困るようなことがなかったのである。

ハイカラ好みの父の影響もあり、正直は写真、映像、投影、音響など、時代の先端をゆく視聴覚メディアに囲まれて育った。したがって、それらの魅力に取り憑かれるのは、ごく自然なことであった。もっとも、自作の撮影機の見事な完成度が証している通り、自分の手で何事もこなしてみせるのが、父と違う、正直流のやり方ではあった。本人の弁によればこうである、「自分はよく玩具をこわした。ゼンマイものなどは徹底的にこわし中を調べた。これも物理方面へ行く事に運命づけられていたことを表していた」。分解し、理解し、それらを通して学習したことを、自らの創造に生かす。「発明」へ至るための王道を、正直は歩もうとしていたのである。

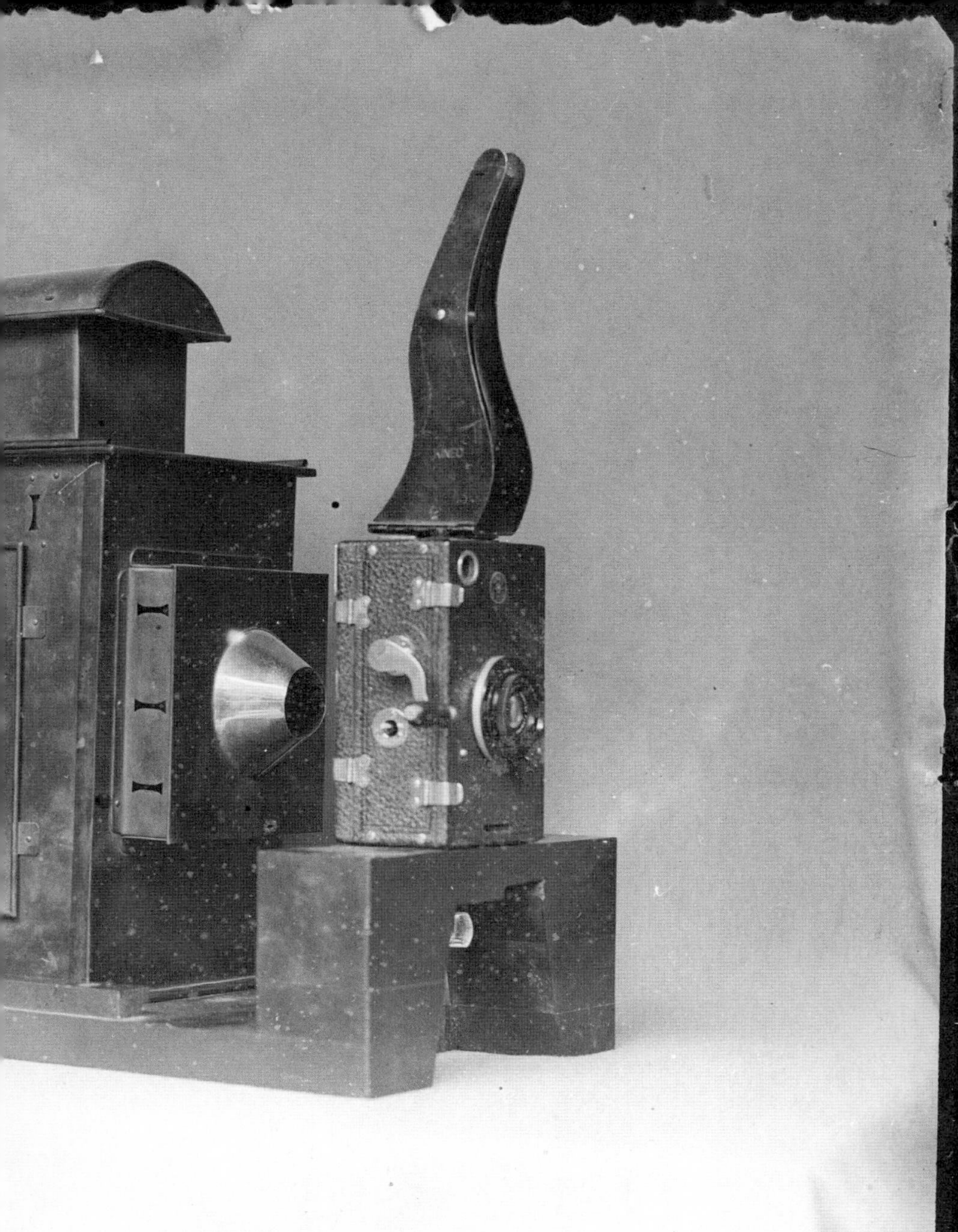

図版一二「キノックス」を使った映写機セット、キャビネ判ガラス乾板、一九三二年頃（阿部正直撮影）（モダン・コンタクト・プリント、二〇一七年）。

■名門を担う

阿部正直は一八九一（明治二四）年一月九日に、備後国福山（広島県）の（旧）藩主阿部正桓の長男として東京に生まれた。阿部家は関ヶ原以前から徳川家と関わりをもっており、五代当主阿部正邦（一六五八―一七一五）が、一七一〇（宝永七）年、幕府の命を受け、下野国宇都宮から備後国福山へ転封させられて以来、石高十万石の大名として福山を治めてきた。譜代諸大名のなかでも格別の名門と目され、とくに将軍家と親しい関係にあったことから、阿部家の当主は、「老中」、「寺社奉行」、「奏者番」など、幕府内の要職を代々担い続けてきた。

歴代の藩主のなかで、今でもよく名の知られているのが、阿部宗家第十一代当主にして第七代福山藩主の阿部正弘（一八一九―一八五七）である。一八四四（弘化元）年というから、齢二十五にして「老中」となった正弘は、やがてその首座に就き、黒船で浦賀沖に現れた東インド艦隊司令長官マシュー・ペリー

（一七九四―一八五八）の接遇にあたって、幕府側の対応策を取り纏めたことで知られる。

徳川幕府は一八五四（嘉永七）年初め、米国大統領ミラード・フィルモア（一八〇〇―一八七四）の親書を携え再来日したペリー提督と交渉を重ね、三月三日に「日米和親条約」を結んでいる。「老中」の首座にあった阿部正弘は、外国船が日本近海に次々と出没するような状況を前に、危機感を抱き、海防の強化、外交の重視、人材の育成など、幕政改革が必要であると訴え、それらの重点施策を断行した。これが、いわゆる「安政の改革」と呼ばれるものである。

西洋の進んだ技術や学術をいち早く取り入れるにはどうしたらよいか。正弘は一八五三（嘉永六）年福山藩主として拝領地「丸山屋敷」にあった学問所を江戸新学館「誠之館」と改変する一方、幕府の最重鎮として人材育成の基盤を固める政策を実施することにした。

一八五五（安政二）年というから、「日米和親条約」締結の翌年のことになるが、正弘は長崎に「海軍伝習所」を創設した。その、幕府直営の教育機関は、わずか四年の活動に終わった。とはいえ、西洋の兵術に長《た》けた海軍士官を養成するため、兵学や造船学のみならず、医学、化学、法学、印刷術など、主としてオランダからもたらされた各種近代諸学を教授したことで知られる。「海軍伝習所」には、幕臣として勝海舟（一八二三－一八九九）、榎本武揚（一八三六－一九〇八）、松本良順（一八三二－一九〇七）、薩摩藩の五代友厚（一八三六－一八八五）、佐賀藩の佐野常民（一八二三－一九〇二）らが集い、学んでいる。もちろん、正弘のお膝元の福山藩からも四名の若者がそこに派遣されていた。

「海軍伝習所」だけではない。外交力も強化しなくてはならないというのであろう、江戸には西洋の学問を学ばせるための「洋学所」が創設された。「洋学所」は、語学、精錬学（化学）、器械学（工学）、物産学（理学）、画学を教授する幕府直轄教育研究機関として、一八五五年に「海軍伝習所」と並行して開校されたが、創設直後の旧暦一〇月二日、後に「安政の大地震」として知られる激震によって全壊焼失のやむなきに至り、翌年「蕃書調所」と改名の上、再出発を果たすことになった。それが「洋書調所」「開成所」「開成学校」を経て「東京大学」へ発展を遂げ、日本の近代化事業の中核を担う人材を輩出するに至ったことは周知の通りである。

もちろん、幕藩体制の改革という大義名分がなかったわけではない。しかし、そればかりでもなかった。幕閣の一人として時勢を敏感に感じ取り、それに応えようとする進取の気質は、独り正弘のみならず、阿部宗家で代々継承されてきた、言うならば「血脈」のようなものであった。

もっとも、正弘から家督を継いだ正桓は阿部宗家の出でなかった。安芸国広島藩第十一代藩主浅野懋昭《としてる》の三男だったからである。広島藩第十二代藩主にして、国内で最初の洋紙製造会社「有恒社」の創業者として知られる浅野長勲《ながこと》（一八四二―一九三七）は正桓の兄にあたる。

幼くして浅野家から阿部家の養子に迎えられた正桓は、成長し、阿部宗家の第十四代当主となった。正桓は肥前を治めていた蓮池藩の第九代鍋島直紀《なおただ》（一八二六―一八九二）の娘篤子（一八六七―一九四二）を継室にもらった。したがって、正直の両親はどちらも阿部宗家の血筋を引いていなかったことになる。宗家の「血脈」は、たしかに父正桓の代で途切れていたのである。

しかし、歴史の流れはどう転ぶかわからない。徳川幕府が今まさに瓦解しようとしていたときのことである。幕府の重臣であり、福山藩主でもあった正桓は、早々に薩長を中心とする新政府に恭順の意を示し、政府軍の入城を許した。後の展開を顧みるに、それは正しい決断であった。

薩長を迎え入れた正桓に、大きな転機がもたらされた。官軍の北進が一段落しようかというなか、箱館（函館）の警護にあたるよう命じられたのである。一八六八（明治元）年に、七百名の兵を連れて「箱館五稜郭」に出兵した最後の福山藩主は、江戸に戻り、明治新政府に藩籍奉還を申し出るも、箱館出兵の功を理由に旧領を認められ、福山藩知事として奉職を続けることとなった。「旧幕臣」の身が新政府樹立に貢献した「功臣」と目されることになったのである。

それが維新後の阿部家の命運を決定づけた。一八八四（明治一七）年七月七日、「華族令」の施行を機に明治政府から伯爵位を授けられることになったからである。維新の「功臣」として華族の一員に列せられた阿部正桓は、旧福山藩江戸中屋敷をそのまま継承した。その阿部邸は「丸山屋敷」の通り名で知られていた。第二代徳川将軍秀忠（一五七九―一六三二）は、一六一〇（慶長一五）年、当時の有力な譜代大名であった福山藩主に、十万坪の屋敷地を下賜した。その場所が本郷丸山であったことから、福山藩の江戸中屋敷はいつしか「丸山屋敷」と呼ばれるようになっていたのである。

文京区教育委員会が公示した「文京区指定文化財」報告書によると、「丸山屋敷には元藩主の隠居所や藩主の子弟が暮らす御殿のほか、藩士の住む長屋や、先祖を祀った家廟、藩校などが設けられた」という。福山藩は後に一部領地を返還することになるが、幕末期においてもなお六万余坪の敷地を現在の文京区西片に所有していた。一九〇七（明治四〇）年一月一五日、竹内余所次郎（一八六五―一九二七）が平民社日刊機関紙『平民新聞』第一号に寄せた記事「東京市の大地主（一）」によると、（旧）福山藩の藩邸は江戸屈指の大邸宅として知られていたという。

維新の「功臣」阿部正桓は、運命の悪戯とでも言うのであろうか、いまだ江戸の名残をとどめていた新都にあって、一、二を争う大地主となった。もちろん名門としての矜持もあったのであろうが、阿部家は胎動を始めたばかりの「東京市」の、その町づくりにも積極的に取り組んでいる。本郷西片の宅地整備事業は、阿部家の敷地を中心に立案されることになった。否、阿部家を抜きに周辺の都市開発など考えられない、それほどまで広大な土地を有していたということなのである。東京帝国大学の敷地に隣接した西片一円は、明治後期以降、文学者の上田敏（一八七四―一九一六）、人類学者の坪井正五郎（一八六三―一九一三）、建築家の伊東忠太（一八六七―一九五四）ら、文士や学究の多く住まう「学者町」として発展を遂げた。ここでも阿部家の「家風」の一端を垣間見ることができる。

本郷西片という文化的な香りのする閑静な住宅地の十番地に、やがて「雲の伯爵」として知られることになる阿部正直の生家があった。『遺稿集』を編んだ御殿場市教育委員会の勝間田仁美氏によると、正桓を家長とする阿部家には、家令、家扶、家従ら、家職とされる男子六名のほか、協議員三名、家丁、女中数名、小者、受付、小使三名、門番、御者、別当、車夫ら、大勢の使用人が住み込んでいたという。幕府内の重鎮という立場から、「御一新」を経て、伯爵を名乗るようになっても、文字通りの「大名家の生活」が往時とさほど変わらぬまま維持されていたのである。「殿様」の家の長男に生まれた正直は、否も応もなく、ただ当たり前の如く、周囲の者たちから「お坊っちゃま」として遇されることになった。

正直の父、正桓は広島浅野家からの養子であり、また遠慮がちな気性でもあった。そのため、本郷西片の旧藩邸の一角で慎ましい生活を送っていたが、旧家臣らの強い勧めもあって、「大名風の即ち御殿風の住宅」を建て、そこへ住むことになった。

一八九一（明治二四）年竣工の阿部伯爵家本邸は、応接間三部屋の椅子式の部屋と純日本風の間取りを取り混ぜた和洋折衷の建物であった。玄関の脇には「三の間」と呼ばれる半洋式の客間が三間あった。その西側には幅にして一間半から二間の広い廊下が延びていた。「一の間」には「床間や違い棚付きで黄金色のシャンデリヤが天井の中央に下っている」。そのシャンデリヤは「ほや付ローソクが美しい浮彫りの金色の腕金具」に支えられ、金色の鎖で上下に動かせるようになっていた。

椅子には「ルイ朝時代の型と言った舶来品」が使われていた。テーブルは「一の間」が円形、「二の間」が角形、「三の間」が比較的大型の角形であった。三つの部屋には花模様の絨毯が敷かれていた。「『一の間』は後にグリーンの無地となり日本式椅子セットで黒塗脚にグリーン地紋付張りの日本式に変えられシャンデリヤも日本式の『ふさ』つきのものとなり、従来の椅子は『二の間』に流用された」。以上が正直の記憶にあった、実家の応接間の佇まいである。

阿部家は維新後、邸内に桑を植え、養蚕業に乗り出したこともあったが、一八八七(明治二〇年)頃から桑畑の宅地化を進め、本邸竣工後、宅地化された土地に住宅を建て、借家として貸し出す事業を手掛けるようになった。しかし、本邸内にはいまだ随所に趣向を凝らした庭園があった。眺めて廻るだけでも小半日はかかろうかというほど広大なものであったという[図一三上]。外邸には梅園が広がり、冬の終わりには梅の花が雲の如く一面にたなびきわたった、と正直は回想している。まさに「別世界」がそこに残されていたのである。

「お坊っちゃま」は一九〇三(明治三六)年に学習院初等科を修了している。そのまま中等科へ進学し、卒業後、現在の名古屋大学教養部の前身にあたる「第八高等学校」へ進むことになった。当時の日本では、華族の嫡男、なかで

旅影

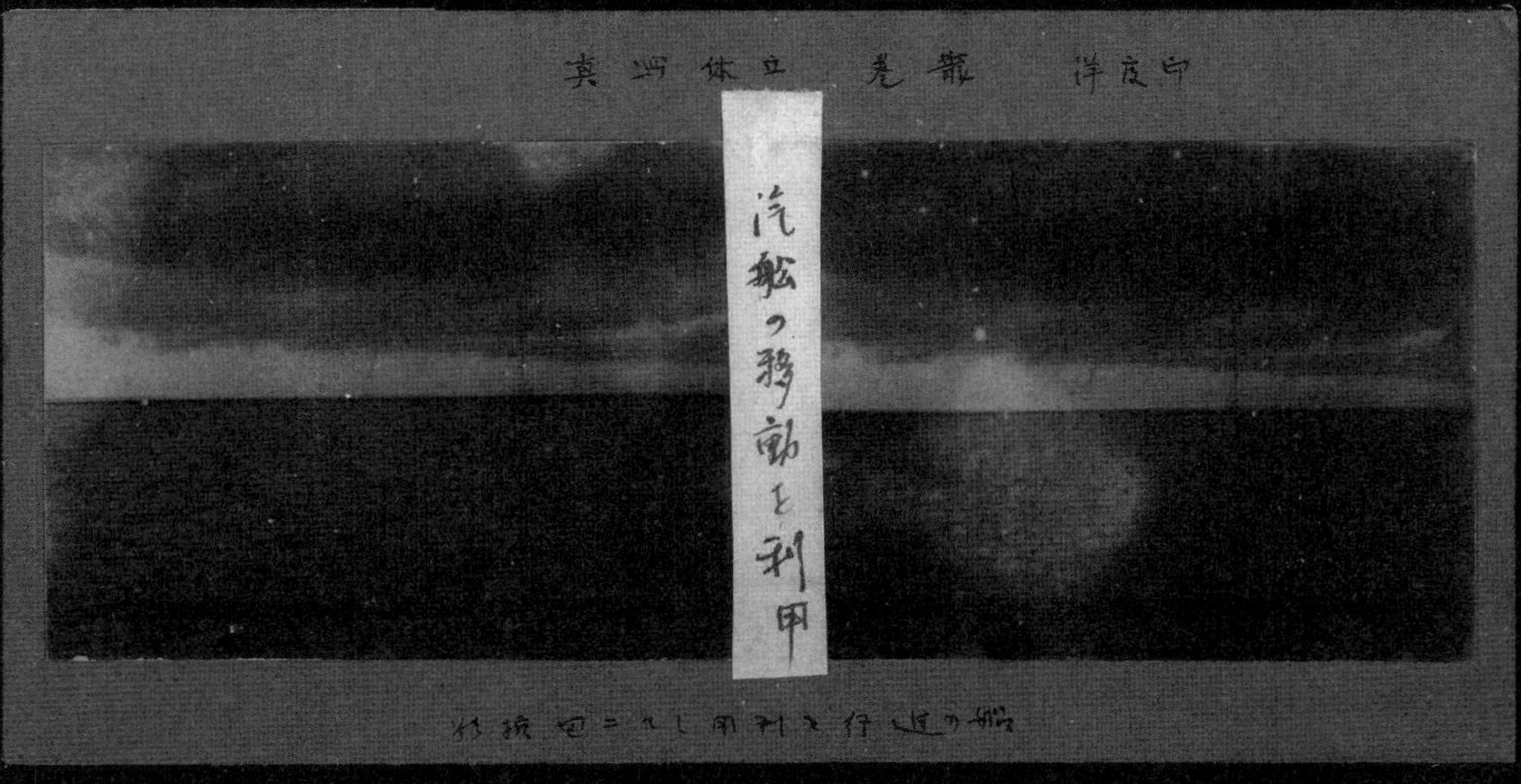
印度洋　龍巻　立体写真
汽船の移動を利用
船の進行を利用して二回撮影

も家督を相続する長男は、学習院へ進み、そこで法律を修め、貴族院議員になるのが、お決まりのコースであった。後に旧姫路藩主酒井家の婿養子となり、「酒井忠正」を名乗ることになる二歳違いの弟正之は、まさにそうした周囲の期待に適う「道」を歩んでいる。阿部家の嫡男は、その、当たり前の「道」を選ばなかった。

長男の進路選択について、両親は反対しなかったようである。しかし、身の回りで世話を焼いてくれる家職たちは喧《やかま》しかった。学習院高等科を終えたら帝大法科へ進むべきである、と声を上げていたというからである。後年、正直は『遺稿集（草稿）』のなかに、こう書き記している、「学習院の中学五年頃に起こった煩悶は学習院高等科に行かず一般の高等学校に入学する希望であった。

図版一三一（上）「阿部家本邸パノラマ写真」、ゼラチン・シルバー・オリジナル・プリント、台紙に貼り込み、一九二〇年五月一一日（阿部正直撮影）／（中）阿部正直・阿部直子、写真集『旅影』、一九二四年／（下）「印度洋龍巻立体写真（汽船の移動を利用）」（ステレオ写真）、ゼラチン・シルバー・オリジナル・プリント、台紙に貼り付け、一九二三年五月一六日午前一〇時（阿部正直撮影）。

此事は工科志望であった余は学習院高等科の二部は理科入学は出来るが工科入学が出来ないと云事もあったためでもあるが、此以外一般の高等学校受験入学に依って社会的一時の経験を得たかった為でもある」。

そうした考えをもつようになった理由については、次のような告白もある、「或年齢に達すれば一種の疑念をいだくやうになる乃には自分の生活と其様式を異にする世界が有る事で其等の人々と自己の生活とを比較する事に依る。人々とは上流中流下流に於て人の差である。余は上流社会に生れ長ずるに従ひ此疑問を生ずると共に多くの不自然な気持を体験した。最初は疑問を持ちながら其儘で過ぎ次第に自己批判が起り煩悶が生じ以後これを征服して進む気持となつたのである」。

もちろん、「八高」への進学が楽であったわけではない。己の実力も顧みず、闇雲に受験し、もし失敗でもしようものなら、帝大進学の道が閉ざされる、そのような危惧もなくはなかったからである。しかし、「一般の生徒と競争して進むと云気持の方が遥かに強かつた」と本人の言にある。「お坊っちゃま」は特別扱いされること、それを嫌ったのである。「入学試験は簡単ではなかった。失敗を繰返してやっと名古屋に入学した。此失敗は後に得難い経験として今では有難く思っている。これが従来の気持や生活に対する一種の切り開きの第一歩であった」。

一九一四（大正三）年、正直は父正桓の死去にともない嫡男として家督を相続し、伯爵位を襲爵している。二年後の一九一六（大正五）年三月、晴れて「八高」を卒業した正直は、陸奥棚倉藩第二代藩主阿部正功《まさこと》（一八六〇―一九二五）とその正室照子のあいだにできた三人姉妹の一人で、許嫁《いいなずけ》でもあった直子（一八九七―一九八二）と祝言を上げることになった。新妻の実家は、戊辰戦争で棚倉城を明け渡すという辛酸を嘗めさせられていた。とはいえ、元はといえば陸奥棚倉藩を治める十万石の大名の家柄であり、慶応年間以降、阿部宗家とは姻戚関係にあった。「華族令」によって、棚倉の阿部家もまた子爵位に列せられていたのである。

結婚式は七月一七日におこなわれた。蒸し暑い日であったという。披露宴は芝公園二十番地の会員制高級料亭「紅葉館」において、和装による伝統的なスタイルでおこなわれた。袴を着けることになった正直は、「どうも日本服は苦手である」と書いている。

父方が広島浅野、母方が佐賀鍋島という両親のあいだに生まれた正直であった。十五歳になり、元服を済ませると、直子との結婚が両家のあいだで決められていた。許嫁の直子はいまだ九歳であった。遠縁とはいえ宗家の血筋に連なる直子を嫁にもらう。そのことで「阿部」の家門の正統性を回復しようとする意図がなかったとは言い切れない。名門どうしのあいだでは、そうしたことが当然と考えられていた時代であった。

血族内の問題はともかく、社会的にみると正直と直子の結婚は、伯爵家の嫡男と子爵家の令嬢の結婚という華々しいものであった。そのため、新聞や雑誌など、物見高いメディアが黙過するはずもなかった。二人の結婚を報じた新聞は、帝大理科大学実験物理学科への進学を果たした正直のことを「理学博士間違ひ無しと云ふ秀才」と称え、直子を「才気煥発」の子爵令嬢と形容している。

メディアの持ち上げ方を実証するかのように、正直は実験物理学教室のなかにあって将来を嘱望される、優秀な学生として一目置かれる存在となった。帝大卒業を間近に控えた一九二二（大正一一）年二月一一日発行の『讀賣新聞』には、正直の俊英ぶりを物語る記事が掲げられている。それは「発明王エジソン」の七十五歳の誕生日に寄せた記事であった。

米国エジソン社が売り出した「キネトスコープ」は、「フィルムの場面が次から次へと移って行く瞬間、場面の継ぎ目をスクリーンに見せない為め、今日の機械ではシャッターが絶えず開閉するようになっており」、それが煩《うるさ》い音を出す。この製品の難点を克服するにはどうすべきか、正直はふた通りの改善法を記事のなかで披露してみせる。

映像機器が抱える問題を解消する方法のひとつは、フィルムの場面を転換させるさいにプリズムを用いたらどうか、というものである。この方法によると、場面の継ぎ目が中央にきた瞬間、前の場面の半分と後の場面の半分が、光の屈折で巧みに継ぎ合わされ、新しいひとつの場面をスクリーン上に結像させることができる。もうひとつのアイデアは、レンズをたくさん円形に連ねて置いて、これをフィルムの廻転と同速度で廻転させるやり方すなわち、フィルムの一コマに対しレンズ一個を同速度で廻転同期させる方法であった。

映像機器への関心からもたらされた実験、試行、改良、工夫、造作、発明への傾きが、「雲の伯爵」として敬愛されることになる正直の生涯を決定づけることになったのである。

結婚後、正直と直子の二人がすぐに新婚旅行へ出たわけではなかった。新郎の言う「世界漫遊」、新婦の言う「外国留学」が実現したのは、帝大卒業から一年ほど経った一九二三（大正一二）年四月のことだったからである。

正直の秀才ぶりについては後段に譲ることにするが、新妻をジャーナリズムが「才気煥発」と謳い上げた理由についてては、同じ記事の文面から想像できなくもない。新聞記者が新婚旅行にかける抱負を問うと、「科学研究のため」と素っ気ない返事をした正直と対照的に、直子は硬式飛行船の現状など、航空事業の将来について勉強したい、と答えたからである。美貌の伯爵令嬢と飛行機の取り合わせは、進歩的な女性の社会進出に目配りして怠りなかった新聞雑誌にとって、随分と魅力的なトピックスと映じたに違いない。第一次世界大戦で飛行機が有力な戦力として認識されるようになり、国内でも軍事と民生の両面で航空機の導入が急務とされ始めた時代でもあった。

二人は四月二三日に横浜から船で発っている。「従者無しの大旅行で有り相当心配した人もあったが、此旅行は実によい体験であった」と正直は『遺稿集(草稿)』に書いている。

旅行の内容は帰国後に二人の連名で出版された写真集『旅影――欧米の旅にて撮影』とシネフィルムに記録として残されている［図一三中］。前者は正直が旅行中に撮ったスナップ写真の私家版アルバムである。撮影に使われたのは、小型にして軽量であることから、人気のあった「ベスト・ポケット・コダック」通称「ベス単」ではなかったか。いずれにせよ、コロタイプ印刷による、贅沢な大和綴の写真集であった。

動画の方は三十五ミリ・スタンダード・シネフィルムで撮影したものである。使用されたのは仏国アンドレ・デブリ社のシネカメラ「セプト（七）」であった。一九二一（大正一〇）年に販売が開始され、二年後に二号機が登場している。

正直が購入したのは、市場に出て間のない新型の方であった［図一四上］。

「セプト（七）」というフランス語の機種名が語る通り、静止画、動画、幻燈、拡大、引伸、密着、投影の七種の使用モードに切り替えることができた。クランクでゼンマイドライブを巻き上げる手動式カメラで、専用スプール缶に十五フィートすなわち四・五メートルのシネフィルムを充填すると、数にして二百五十五コマの静止画、秒数にして約十五秒間の動画を撮影することができる。ハンディな大きさの割に、重量が一・九キロと目方はかなりあったが、「ベルティオ」のレンズは明るく、使いやすいということで、人気があった。正直はその多機能型カメラを気に入っていたようで、あれこれと使い方を工夫しながら晩年まで使い続けている。

ところで、二人の選んだ旅程はどのようなものであったのか。これは写真集『旅影』の頁を繰ることで、およそのところを把握できる。二人は日本郵船のヨーロッパ便を使うこととし、横浜港を発った。香港経由でインドシナ半島を

ABE

南下し、マレー半島の端部に位置するシンガポールへ至った。五月一六日午前一〇時には、シンガポール港の沖合をゆく船の甲板に立っていたことが、後述の通り、残された記録からわかる。

ペナン島で寺院巡りを楽しんだ後、インド洋を西方へ進み、セイロンのコロンボでは象の背に乗るという冒険も体験している。そこからさらに西方を目指し、スエズ運河に入り北端のポート・サイドを抜けて地中海に入った。カイロに寄り、市内観光はもちろん、ピラミッド見物までこなしている。さらに西方へ針路をとり、ナポリを経て、マルセイユに上陸。旧港に近いサン＝シャルル駅からパリを目指して鉄路で北上し、「芸術の都」を見物した後、ドーバー海峡を渡って、最終目的地であるイギリスへ至った。

憧れのロンドンに到着した二人は、ウェストミンスター大聖堂に近い、ペティ・フランス沿いにあって、当時の英国で最高層の建築とされていた十二

図版一四一（上）仏国アンドレ・デブリ社製三十五ミリ・スタンダード・シネカメラ「セプト」、キャビネ判ガラス乾板、一九三二年頃（阿部正直撮影）（モダン・コンタクト・プリント、二〇一七年）／（下）「ネーム入りヌメ革製トランク」、一九二〇年代。

階建て貸間住宅「クインアンナスマンション」に落ち着き、取り急ぎ身の回りのものを買い揃えている。しばらくそこに逗留した後、すぐ近くのセント・ジェームス・コートにある「ファルコナーハウス」に三部屋を借りて、半年間のロンドン生活を始めた。

英国滞在中の細かな行動について、今となっては知る由もない。しかし、第一次世界大戦が終結し、安寧を取り戻しつつあったロンドンで見聞した特権階級のたしなみは、その後の二人のライフ・スタイルに決定的な影響をもたらした。正直が野外調査の現場にあってさえ、英国紳士的な装いと振る舞いを崩さなかったことは、その何よりの証である。

旅装ひとつにしてからがそうであった。正直の遺品のなかにヌメ革製のトランクがある［図一四下］。この革鞄には、一八二三（文政六）年ロンドン旧市街リーデンホール・ストリートに開業し、世界最古の鞄ブランドとして知られるジョン・パウンド社の刻字がある。帽子用革箱にはオールド・ボンド・ストリート一番地の老舗帽子店スコッツ社の名前が刻字されている。この店で正直は紳士用のシルクハットを、妻の直子は当時の流行《はやり》であった、ボネが平たく潰れた婦人用帽子をそれぞれ誂《あつら》えている。それらを収めていた帽子箱は現存しており、蓋に「カナダ太平洋鉄道」のシールが貼られ、側面に「ABE」の文字がペイントされている。ロンドンで購入したトランクや帽子を、各地の巡遊に使っていたようである。

二人はしばらく「ファルコナーハウス」で英国生活を楽しんだ後、ロンドンのビクトリア・ステーションから欧州の主要都市の遊覧に出た。二度目のパリではエッフェル塔に上っている。ノートルダム寺院でも鐘楼から街の俯瞰的眺望を楽しんだ。

パリ東駅から鉄道でドイツに入り、ベルリンを経てポツダムまで足を延ばした。第一次世界大戦の敗戦から立ち直ろうとするワイマール共和国は、ベルサイユ条約で課せられた戦後賠償と、大量の失業者を生み出した経済不況に苦しめられており、四十マルクの新聞が半年もしないうちに十五万マルクとなるような「ハイパー・インフレ」の渦中にあった。日本人には暮らしやすかったとみえ、多くの日本人がベルリンに滞在していた時代である。

ドイツの後は、オランダ経由でスイスに入った。スイスでは山岳観光を立派にこなしている。チューリヒ、サンモリッツを訪れ、マッターホルン、ユングフラウなど、アルプスの山々と、そこに発生する雲を捉えた大判の紙焼写真を、あるいは記念品として、あるいは研究用に何枚も購入していたことが遺品からわかる。

スイスの旅を終えた二人はアルプスの峠を越えて、イタリアのミラノに入った。そこからヴェネツィア、ローマを経て、ポンペイからさらに南を目指そうというのであった。

カプリ島に着いた二人は、そこで奇妙な雲の話を耳にすることになった。イタリア南部シチリア島のエトナ山では、上空に突然の如く白雲が生じる。その雲塊はじっと動かず、暫《しば》しのあいだ佇んでは消えてゆく。ときとして発生するも、背後にどのような気象現象があるのか、それをまだ誰も説明できていない。そのミステリアスな白雲を、地元の人々は「風の伯爵夫人」（コンテッサ・デル・ヴェント）と古くから呼び慣わしてきた。正直はカプリ島でそのような話を聞かされたのである。正直が父正桓から「伯爵」（コント）の位を襲爵していたことを顧みるなら、旅の途次に白雲の挿話を耳にしたことは、運命の悪戯であったと言えなくもない。

ヨーロッパ大陸を一巡した二人はロンドンへ戻り、荷物を纏め、そこから今度は北大西洋航路を使って北米に渡っている。八万総トンの大型客船で四日の船旅となった。北米の東海岸に到着した二人は、ニューヨークからワシントン、ナイアガラ瀑布を経て、「カナダ太平洋鉄道」で大陸横断を果たし、西海岸に出ている。ロサンゼルスの北東にある「ウィルソン山頂天文台」も二人の訪問先となった。その後、シアトルで乗船し、太平洋を渡って帰国の途に就いた。

結果、二人の世界巡遊は翌年四月二一日まで丸一年に亘る大旅行となった。

正直と直子の世界巡遊は、十八世紀から十九世紀にかけ英国の青年貴族たちが、成人となるための通過儀礼としておこなっていた「グランド・ツアー」の現代版と言えるものであった。事実、旅の記録として自費出版された写真集の最終頁には、帽子を被り英国風貴族の装いをした二人の姿が、写影として残されている。その旅行アルバムは、「海外留学」のお礼を兼ねた報告書として、親類縁者に配られた。刷り部数は不明ながら、正直の遺産のなかに、相当数残されていた。

正直にとって、直子との旅はどのようなものであったのか。見聞を広め、知識を吸収するためだけのものでなかったことは間違いない。英国流のファッションを身に着けるというだけのものでもなかった。このことは正直が日本に持ち帰るため、あちこちで買い込んだモノからも明らかである。

幼少期に「カツドウ」の洗礼を受けた正直は、十代の時分から、視覚媒体やそれを生み出す装置に並々ならぬ関心を寄せていた。その性向は欧米を巡る旅の途次でも保持された。先に紹介した仏国製三十五ミリ・シネカメラ「セプト」がそうであった。帰国後の研究に役立ちそうな映像機器や観測機器をできるだけたくさん買い集めたい、そのように考えていたのかもしれない。

実際、世界を巡遊するなか、正直は各地でガラス乾板のステレオ写真、鶏卵紙のステレオ写真を購入していた。パリではそれらを視るための、「脚付ステレオスコープ」まで手に入れている［図一五上］。国内では江戸時代から「覗き眼鏡」として知られていたものである。それの流行を欧州のあちこちで眼にしていたせいか、帰国後、正直は指物師《さしもの》に頼み、特注で和風の「ステレオスコープ」と桐材製乾板用簞笥を誂えている。

お金に困ることもない資産家であったことから、輸入代理店を通して舶来品を購入するのは造作もなかった。実際、正直の遺産のなかには、欧州や米国のメーカーから入手した、映像機器に関する製品カタログが数多く残されている。

そのため、今となっては購入時期を決め難いものが少なくない。

とはいえ、例外的に入手時期を特定することのできるケースもある。たとえば、エジソン社が、一八九一（明治二四）年発明の「キネトスコープ」の、その普及版として製造販売していた「家庭上映用キネトスコープ」がそうである。当時、家庭用映写機の新機種として二百二十五ドルで売りに出されていたもので、夫妻は新婚旅行のさいに、アメリカでそれを購入し、日本に持ち帰っている［図一六］。

正直と直子が一九二三（大正一二）年九月一日の関東大震災のニュースを知ったのはパリ滞在中のことであった。ベルサイユ宮殿の大噴水を見学にゆこうとしていた矢先、朝刊の新聞、もしくは号外を眼にしたようである。「真面目に考えられなかった。あまりにも突飛で、江の島が沈下し鎌倉の大仏が首まで埋ったということが出ていたが半信半疑で、帰り途に又、夕刊を見ると横浜の事やその他が出ていてどうも真実らしいという事になり、次第に事実が明らか

図版一五―（上）仏国製「脚付ステレオスコープ」、一九二〇年代／（下）「無題」（ステレオ写真）、ゼラチン・シルバー・オリジナル・プリント、台紙に貼り込み、年代未詳（阿部正直撮影）。

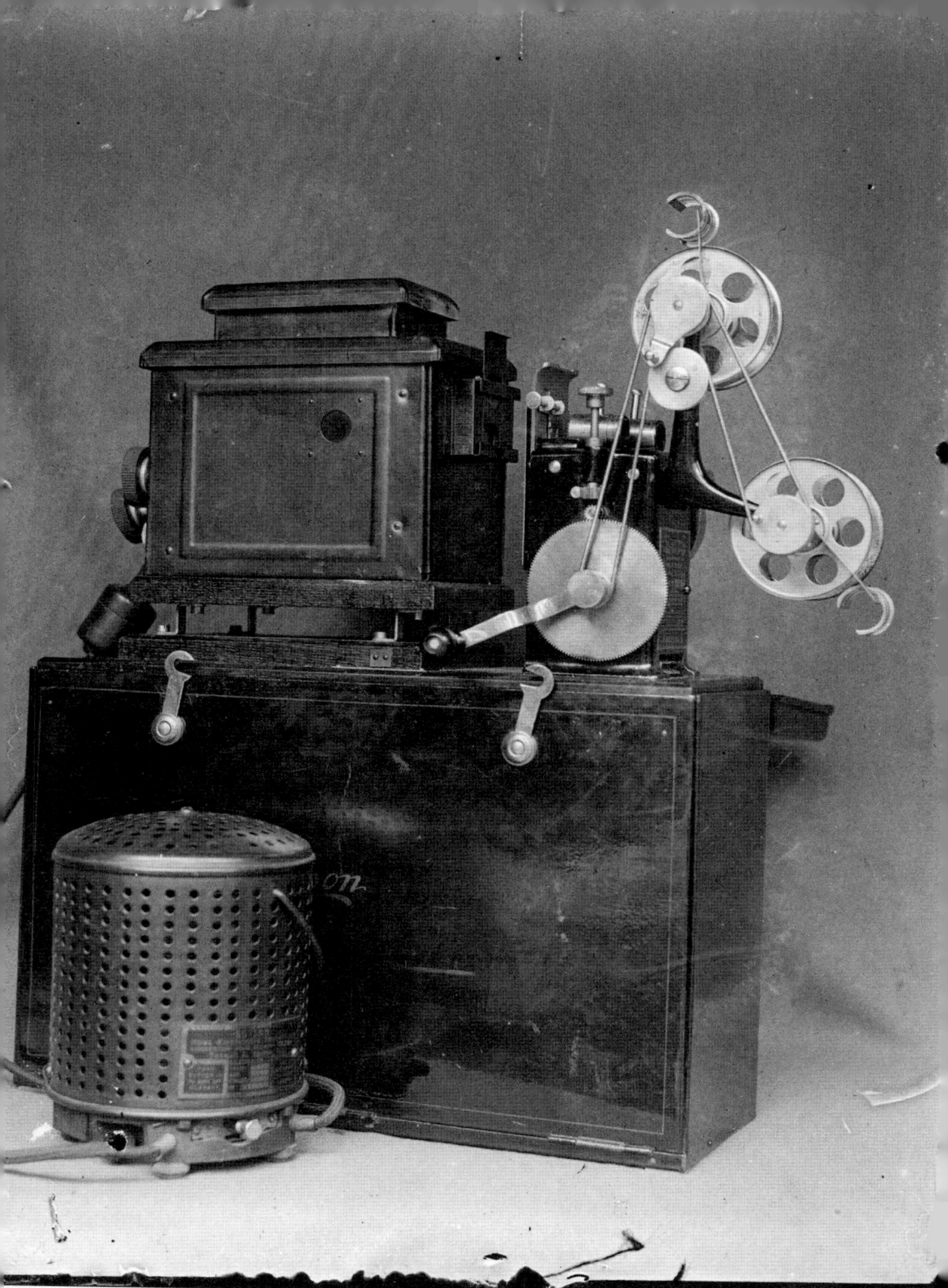

になって来た」。二人はとるものもとりあえずロンドンに戻り、すぐに福山へ電報を打った。すると五日ほどして返事が戻ってきた。本郷西片の本邸は幸いにして無事である、との知らせであった。

翌年四月、世界周遊から帰国した新婚夫婦を待っていたのは、関東大震災で焼け野原となった帝都の惨状であった。西片にあった本邸は、焼失こそ免れたものの、それなりの改修を必要とする状態になっていた。正直を動かしたのは世界を実見することで得た自信だったのかもしれない。大震災の経験を教訓にして、生活様式の改善を図ろうと、一念発起することになったのである。

父親から相続した本邸が、和洋折衷の、およそ「御殿風」の建物であったことは既述の通りである。このままでは大き過ぎて人手が掛かり過ぎる。そのように考えた正直は、部屋数を減らし、思い切って耐震耐火コンクリート造洋風建築へ改築することとし、知り合いの武田五一（一八七二―一九三八）に設計を依頼した。五一の父、直行（一八三八―一九一二）は備後福山藩の出身で、阿部家の

図版一六｜米国エジソン社製「家庭上映用キネトスコープ」、キャビネ判ガラス乾板、一九三二年頃（阿部正直撮影）（モダン・コンタクト・プリント、二〇一七年）。

家令、評議員を務めていた。息子の五一もまた、正直の父正桓が一八九五（明治二八）年に旧藩邸内にあった、阿部正弘ゆかりの学問所「誠之館」に倣って建てた、「福山人」のための学生寮「誠之舎」に寄宿していたこともあり、阿部家との関わりは長く、しかも深かった。

鉄筋コンクリート造の洋館は、国内でもまだ珍しかった。正直の注文は、しっかりとした耐震耐火建築であること、無用な装飾を排除した実用本位の造りであることの二点であった。世界各地を巡るなかで見聞を広めてきた正直である。第一次世界大戦後、急速な復興を遂げつつあったドイツでは、ヴァルター・グロピウス（一八八三―一九六九）が一九一九（大正八）年に創設した「ワイマール国立バウハウス」をはじめ、機能主義を前面に打ち出した「新建築《ノイエバウ》」を眼にしていた。正直が実現を望んだ住宅は、合理性を極めたシンプルで、モダンなコンクリート建物であった。自身の言葉を借りるなら、それは「角力《すもう》取りがゆかたがけ」したとでも形容できるような建物になるはずであった。

しかし、事はそれほど簡単でなかった。『遺稿集』によると、主任建築技師武田五一以下、上役技師、平技師、藤井協議員、岡田家令ら、関係者の考えがバラバラで纏まらず、機能主義と華飾主義が混在する和洋折衷の建物となってしまったからである。

建築設計を指揮した武田は、東京帝国大学工科大学造家学科で辰野金吾（一八五四—一九一九）の許に学び、一八九七（明治三〇）年工科大学造家学科を首席で卒業し、一九〇〇（明治三三）年から三年に亘って欧州で「アール・ヌーヴォー」と「ゼセッツィオーン」を学んでいる。帰国後、京都高等工芸学校で教鞭を執りつつ、茶室など日本の伝統建築と西洋の新様式を融合させた独自のスタイルを確立し、日本勧業銀行本店（国指定登録有形文化財）、山口県旧県庁舎（国指定重要文化財）をはじめ、公共建築、神社仏閣、住宅など、多くの仕事で知られるようになる。阿部邸再建の仕事を任されたさいには、京都帝国大学の建築学科の教授職に就いていたが、建築の細部に装飾性をもたせる世紀末様式から脱却できようはずもなく、施主である正直の思いを実現することにならなかったのである。

本邸の施工は、第一生命館や日比谷公会堂など、有名建築を多く手掛けてきた合資会社「清水組」に委ねられた。一九二七（昭和二）年秋に竣工したのは、鉄筋コンクリート造の二階建てと木造の平屋を折衷させた、延べ床面積二百八十坪の寄せ棟屋根の建物であった。建築費は当時のお金で三十万円に上った。関東大震災後、東京帝大が総合図書館の再建に乗り出すにあたって、米国ロックフェラー財団から百万円の義援金が寄せられた。それで帝大図書館の再建がなったことを考えると、三十万円という金額は、個人邸宅の建設費として桁外れであったことがわかる。結果、想定をはるかに超える大邸宅の誕生を招くことになったのである。正直はコンクリート造であれば、実用本位の小住宅で充分と考えていた。にもかかわらず、社会的な体面を気にする家職連ほか、周囲の者たちの反対に押し切られ、自らの思いを実現することができなかった。この間の経緯を記した正直の遺稿では、行間に口惜しさが滲み出ている。

■先達を訪う

新婚旅行から戻った正直は、本邸の造営という大仕事を進める傍ら、雲の研究に本腰を入れて取り組むようになった。とはいえ、その理由がはっきりしているわけでもない。『遺稿集』によれば、高等学校入学準備中に日本アルプス（立山連峰）の剣岳に登り、山頂からの眺めを「キネオカメラ」でコマ撮りし、雲の動きを調べたことがあったという。また、二十歳頃に北アルプスの槍ヶ岳から見た眺めの記憶もなくはなかった。事実、本人が『つるし雲』のなかで回顧するところによれば、標高三千メートル超の頂上から眼下三百六十度に広がる雲海は、見事なまでに美しく、そのパノラマの壮大さに、心打たれたことがあったという。山雲に寄せる関心の萌芽は、そんなところにあったのかもしれない。

当時の新聞で「科学研究のため」と報じられた世界旅行、その途上での出来事も留意に値する。正直自製の資料のなかに、台紙貼りの興味深いステレオ写真が存在する［図一三下］。台紙には一九二三（大正一二）年五月一六日午前一〇時の年記がある。もしそれを信じるなら、これは正直の残した多数のステレオ写真のなかで最古のものということになる。

その時刻、正直と直子の二人の乗った船は、ヨーロッパ航路の中継地のひとつであったシンガポール港を後にして、ペナン島へ向かおうかという地点にさしかかっていた。港を離れ、沖合をゆく船の甲板で海の眺めを楽しんでいた正直は、はるか彼方の海上で竜巻の起こっていることに気がついた。正直は急いで船室に戻り、旅行鞄のなかからブローニー判カメラと三脚を取り出し、それを手にふたたび甲板に向かった。無限遠の海上で発生している竜巻を写真で記録しようというのであった。

撮影した写真は一枚でなかった。二枚の写真が撮られたのである。そのときの写真がいつ、どこで現像されたのかはわからない。しかし、はっきりしていることもある。写真を二枚撮っているあいだに、船が移動していたということである。後日、制作されたステレオ写真台紙にも、正直の手で、「船の進行を利用して二回撮影」と記されている。

無限遠にある同一の被写体を船の上から写真に撮る。何度かシャッターを切っているあいだに、時間の経過があった。当然のことながら、船はその間にも航行を続けていた。その結果、はるか彼方で起こっている竜巻を、異なる二地点から撮影した連続写像を手にすることとなった。それらを一対のものとして横に並べると、ステレオ写真ができ上がる。正直はそれを実現してみせたのであった。

その卓抜なアイデアに思い至ったのが、はたして件の船の甲板上であったのかどうか、これは断言できない。かなり時代が下ってからのことになるが、正直は遠方に望む富士山を被写体として、「徒歩による移動」「汽車による移動」「船舶による移動」など、各種移動手段を用いた二地点撮影の試みをおこなっており、それらがステレオ写真のかたちで残されている。そのときの方法的実験は、シンガポール沖合を航行する船の甲板上での経験と直結していた。そのことを思うにつけ、正直の試みた最初のステレオ写真が竜巻という気象現象であったことに、何か運命じみたものを感じたくもなる。

一九二五（大正一四）年一月、正直は文京区駒込にあった理化学研究所へ入所している。それは華族社会の一員の身の振り方として、実に異例のことであった。伯爵家の当主が、誰であれ他人から雇用される立場に立たされ、その禄をはむ。このようなことになれば、家紋に傷がつく。周囲の者たちの眼には、到底許されざることと映ったのである。

しかし、正直の考えは違っていた。大震災で焼け野原と化した帝都の真中にあっては、一日も早い復興こそが急務である。社会貢献に汗を流すことは、身分の如何《いかん》を問わず、人としてなすべき当然の務めではないか。一族の体面、華族の矜持云々という問題ではない。「ノブレス・オブリージュ」、それが正直の考えるところであった。

伯爵家の体面と人の道のせめぎ合い。その着地点が、理化学研究所の無給「嘱託研究員」という立ち位置であった。本人が自ら望んだのか、研究所が任務として与えたのか、あるいは話し合いの結果なのかはわからない。正直の取り組んだ仕事は、感光剤と写真乾板についての化学研究であった。配属先は鈴木庸生（一八七八―一九四二）の研究室と決まった。

鈴木庸生は帝大理科大学化学科を出ている。卒業にあたって首席の証である銀時計を下賜された若くして秀才の誉れ高い学者で、無機化学を専門としていた。「満鉄」と「理化研」に奉職し、一九三三（昭和八）年に日本化学会会長に就いている。鈴木はハロゲン化銀の研究で写真化学に大きな貢献をなした。

「理化研」が工業化に成功した最初の実用品のひとつに、「陽画感光紙《ジアゾタイプ》」、俗に言う「青焼き」がある。それは鈴木を中心とする感光性製品開発研究の成果であった。

正直が身を置くことになったのは、そうした実学研究の場であった。正直の写真は、フィルム、ガラス乾板、印画紙など、媒体の違いを超えて、どれも仕上がりが素晴らしい。経年による劣化や変色がほとんど認められないのである。「理化研」で得た化学的な知識が、それらの保存方法も含め、役に立ったとみるべきであろう。いずれにせよ、幼少期から写真や映画に関心があった正直のことである、感光剤の化学は好個の研究課題であったに違いない。

「嘱託研究員」となった正直は、「通勤したのはこれが最初である」と記している。富士周辺で山雲の観測活動を始めたのは、理化研へ入所し、三ヵ月ほどしてからのことであった。このことは一九二五（大正一四）年四月の日付のある観測記録カードからわかる。

もっとも、日記を欠かさず記すようになるのは、もう少し後になってからのことである。手許に残されていた「当用日記」のなかに一九二六（大正一五）年の記録があり、日付としてはこれが最も古い。雲の観測と取り組むようになって、すでに一年ほど経ってからのものである。以後、日録を取る習慣は、一九五二（昭和二七）年まで、ほとんど間断なく続いており、そのおかげで日記の内容と山雲の観察記録を照合できる。

一九二五年から翌年にかけ、正直は大きな転機を迎える。本格的な寒さを迎えようとする時期、とはすなわち日記をつけ始めて間のない頃のことであった。富士山の裾野にテントを張り、野営をしていたある日の明け方、冷え込みの厳しいなか、正直は富士の高嶺に奇妙な姿をした白雲が佇んでいるのに気づいた。

驚いたことに、それはエトナ山の山頂付近に突如出現すると言われる「風の伯爵夫人」（コンテッサ・デル・ヴェント）を思わせるものであった。その山雲は「美しいというより荘厳でした。三保の松原の天女の羽衣の伝説も、この

図版一七―「富士山と山雲」、ゼラチン・シルバー・オリジナル・プリント、年代未詳（阿部正直撮影）。

雲を松の木の間から見て連想したのでしょう」と回顧談にある。正直は後日、この白雲の発生プロセスを自宅に設けられた実験室で再現してみせることに成功し、それに「翼雲」という美しい和名を与えることになる。

富士の裾野で神秘的な白雲の出現を目の当たりにした正直は、山雲の発生プロセスの研究に取り組もうと考え出した。しかし、そうはいっても、どのように研究を進めたらよいのか、適当な方法がすぐに見つからなかった。あれこれ思いを巡らす日々を過ごすなか、正直は意を決して航空研究所を訪うことにした。一九一八(大正七)年深川区越中島に創設された「航空研」は、帝大工科大学の航空学調査委員会を改組拡充するかたちで生まれた研究機関である。そこの教授陣の一人に、理論物理、数学の専門家として知られる寺澤寛一(一八八二—一九六九)がいた。

正直が理化学研究所に奉職するようになってから一年ほど経った、一九二六(大正一五)年春のことである。「航空研」の建物にはいまだ震災の爪痕が残っていた。応接室で三十五歳の正直を待ち受けていたのは、四十四歳の寺澤寛一と、その上司で物理学者として知られる寺田寅彦（一八七八―一九三五）の二人であった。寺澤より四歳年長の寺田は、帝大理科大学物理学教室の主任教授として、一年ほど前から理化学研究所の研究員を兼任しつつ、研究所に集う様々な分野の研究者を統括する立場にあった。

正直は二人を前に話を切り出した。自分は以前から動く映像に興味があり、カメラやフィルムにも、また映画の投影や写真の現像にも、多少の知識をもっている。そこで、映像技術を使って山雲の発生プロセスを解明できないかと考えているが、どうであろうか。

当時、「理化研」とその周辺では、大震災での苦い経験もあり、大型の風洞を設置した実験室が設けられ、旋風、渦巻、流体、霜柱など、自然現象の科学的な解明に向けた研究が進められていた。それらを率いていたのが、航空研究所の所長と地震研究所の所長を兼任していた寺田寅彦であった。寺田は人が遭遇する様々な物理現象を解明することに力を注いでいた。たしかに、自然現象の発生因を説明するのは容易でない。しかし、統計力学を援用することで原因を究明できないものか、そのように考えた寺田は、「かたちの物理学」なるものを唱えるようになっていた。そこに言われる「かたち」を「山雲」に置き換えると、まさに正直の研究課題と違わぬものとなる。

「理化研」には帝大で寺田から実験物理学を学んだ中谷宇吉郎(一九〇〇—一九六二)のような科学者もいた。中谷は寺田研究室の助手を務めながら、放電現象の観察と取り組んでいた。中谷が帝大の低温実験室内で人工雪を生み出すことに成功し、その世界初の試みを通じて雪結晶研究の第一人者となったのは、一九三〇年代に入ってからのことであった。

一方、寺澤寛一の専門は航空工学であった。寺澤は専門論文「航空機に関する活動写真的研究」を、一九二四(大正一三)年の東京帝国大学発行『航空研究所』第一巻八号に英文で発表しており、すでに頭角を現していた。正直が寺澤に面会を求めたのは、気流の動きを気体の密度変化として捉え、「シュリーレン法」によってそれを可視化する方法の研究と取り組んでいたからである。山を取り巻く気流の動きが可視化できるなら、そこに生じる山雲の、その生成プロセスを解明できるに違いない。正直はおぼろげながらも、そのように考えていたのである。

寺澤と寺田の二人は、映画的な手法を雲研究に使うのはアイデアとして面白い、と正直に応じた。雲の生成過程を調べるなら、と寺田は話を引き取った。コマ落としで撮るのがよい。それは寺澤のハイスピード撮影法と正反対の方法であった。コマ落としで動画を撮影し、そのフィルムを標準スピードで再生映写する。そのようにすると、雲が生成し、変容する様子が、より良く把握できるからである。

寺田もまた子供の頃に「幻燈」の自作で苦心した経験があった。明治三〇年代に初めて「活動写真」を見て以来、映画には強い関心を抱いていたのである。

一九二九（昭和四）年九月発行の『思想』に掲載された随筆「映画時代」のなかで、寺田は次のように回想している。

おもちゃ屋で虫めがねのレンズを買って来て、正式の幻燈器械を作ろうとしたが失敗した。今考えてみると光学上の初歩の知識さえ皆無であり、それに使ったレンズがきわめて粗悪なものであるのみならず、焦点距離が長いのに、原画をあまり近く置きすぎたために鮮明な映像を得られなかったのは当然である。それでもこの失敗した試みが自分の理学的知識欲を刺激する効果のあっただけは確かである。南国の盛夏の真昼間の土蔵の二階の窓をしめ切って、満身の汗を浴びながら石油ランプに顔を近寄せて、一生懸命に朦朧《もうろう》たる映像を鮮明にかつ大きくすることに苦心した当時の心持ちはきのうのことのように記憶に新たである。

上記の随筆の後半部には、「未来の映画のテクニックはどう進歩するか。次に来るものは立体映画であろうか。これも単に双眼的《ステレオ》効果によるものでなく、実際に立体的の映像を作ることも必ずしも不可能とは思われない」という興味深い記述が出てくる。執筆時期が一九二九年八月以前ということになり、正直と映画的研究手法について会話を交わしてから後のことになる。そのためであろうか、「航空研」での話には「立体映画」という言葉は出てこなかったようである。

ともあれ、寺田と寺澤の二人は、欲を言えば雲の生成プロセスを三次元的に把握できた方がよい、シネフィルムでステレオ撮影をおこない、その動画を立体的に見せることができないだろうか、そのように助言したのであった。

ハイスピード撮影技術を研究の現場に取り入れていた寺澤は当然として、寺田寅彦がムービーの応用を勧めた背景には、当時の国内の実験物理学の研究動向に加え、科学的な解析手段としての動画活用に対する関心の高まりもあった。

それは「シネマトグラフ」が日本に将来されてから、四半世紀ほど経てのことであった。

雲の生成プロセスに関する研究に映像技術が応用できるのではないか。そのように考えていた正直は、寺田と寺澤の示唆に我が意を得たりの思いであった。なるほど、大空にぽっかりと浮かんでいる雲は静止しているように見える。しかし、実際のところはそうでない。雲は水蒸気を含む大気の流れが、ある条件下で、水滴の群れとして顕現したものである。そうした気象学的な物理現象と、映画において高速で流れるフィルムが、スクリーン上に投射される連続的なコマの連なりで像を結ぶことは、言われてみれば似ていなくもない。

事実、後年の『つるし雲』のなかで、正直は「映画と雲」の類似について触れている。「そこにその物ズバリの実物が本当にあるのか、それともそこには実物がないのにあるように見えているのか」と問い始めると、両者は似ていると言わざるを得ない。雲すなわち生成変化して止まぬ「水滴の群れ」を、映画すなわち「コマの群れ」として捉える。「撮影する」ことで、眼に見える雲を、眼に見えぬ気流の動態や風向の様態から説明できるのではないか。それが正直の考えるところであった。

ともあれ、帝大理科大学物理学教室の先輩たちの推奨する研究方法は、雲を「映画と切っても切れない間柄」にあるとみる正直の考えと違わぬものであった。雲の発生過程を三次元的に把握するための「立体視」像を獲得するには、ステレオの、しかもコマ落としの撮影が理想である。とはいえ、それを実現するための具体的方策を考え出さねばならなかった。「航空研」で得られた助言は、取り組むべき研究課題ばかりか、正直のその後の人生航路まで決定づけることになった。

進むべき方向が決まったら、後は実行に移すばかりであった。正直は観測の手伝いとして二人の助手を雇い入れた。助手たちの力を借りて御殿場在諸久保《もろくぼ》の野原にテントを張ったのは、一九二六（大正一五）年夏のことであった。望遠

鏡とカメラを三脚に据え、野営しながら富士の山雲の観測をおこなおうというのである。

当時の野営地を撮影した写真が残されている。近隣から子供たちが駆けつけ、撮影機材に触ろうと戯れているところを撮ったものである［図一八上］。テントの庇の下で、麻のジャケットにパナマ帽、ネクタイの正装を崩さない三十五歳の正直が、背筋を伸ばしてデッキチェアに腰を下ろしている［図一八下］。フィールド調査のため、野原にテントを張り、ひと休みしている姿は、まさに英国の「ジェントルマン」そのものであった。

現場には三十五ミリのシネカメラ「セプト」が用意された［図一九］。先述の通り、四・五メートルのシネフィルムを装塡すると、十八×二十四ミリ判の写真二百五十五カットを撮影することのできるカメラである。ばかりか、一秒間に十六コマ送りの標準スピードであれば、十数秒間に相当する動画が撮れる。

図版一八―（上）「撮影機材と戯れる子供たち」、キャビネ判ガラス乾板、一九二六年（撮影者未詳）（モダン・コンタクト・プリント、二〇一七年）／（下）「テントに腰を下ろす阿部正直」、キャビネ判ガラス乾板、一九二六年（撮影者未詳）（モダン・コンタクト・プリント、二〇一七年）。

五秒ないし十秒の間隔のコマ撮りであれば、十五分から二十五分のタイムスパンを動画で収録できる。要するに、使い方に習熟しさえすれば至極便利な撮影機材だったのである。

おそらくは寺澤と寺田の二人から示唆を受けて間もない時期になされたものと考えられる、研究室内での実験の記録写真が残されている。丸底のフラスコ瓶を二本用意し、一定湿度を含む空気を高圧充塡し、封閉する。片方を固定し、もう片方を上から吊し、振り子式に振って、固定してあるものと空中で衝突させる。すると瓶は割れ、圧縮されていた空気が一気に膨張する。空気は体積を増すと、冷却され、水蒸気が発生する。空気の急激な膨張が、細かい水滴の粒、すなわち雲を生む。その現象を眼に見えるかたちで再現してみせようという試みであった。

ほんの一瞬のあいだに起こる出来事であるが、この一連のプロセスの終始を、正直は三十五ミリ・シネカメラ「セプト」でハイスピード撮影している［図二

図版一九―仏国アンドレ・デブリ社製三十五ミリ・スタンダード・シネカメラ「セプト」、キャビネ判ガラス乾板、一九三二年頃（阿部正直撮影）（モダン・コンタクト・プリント、二〇一九年）。

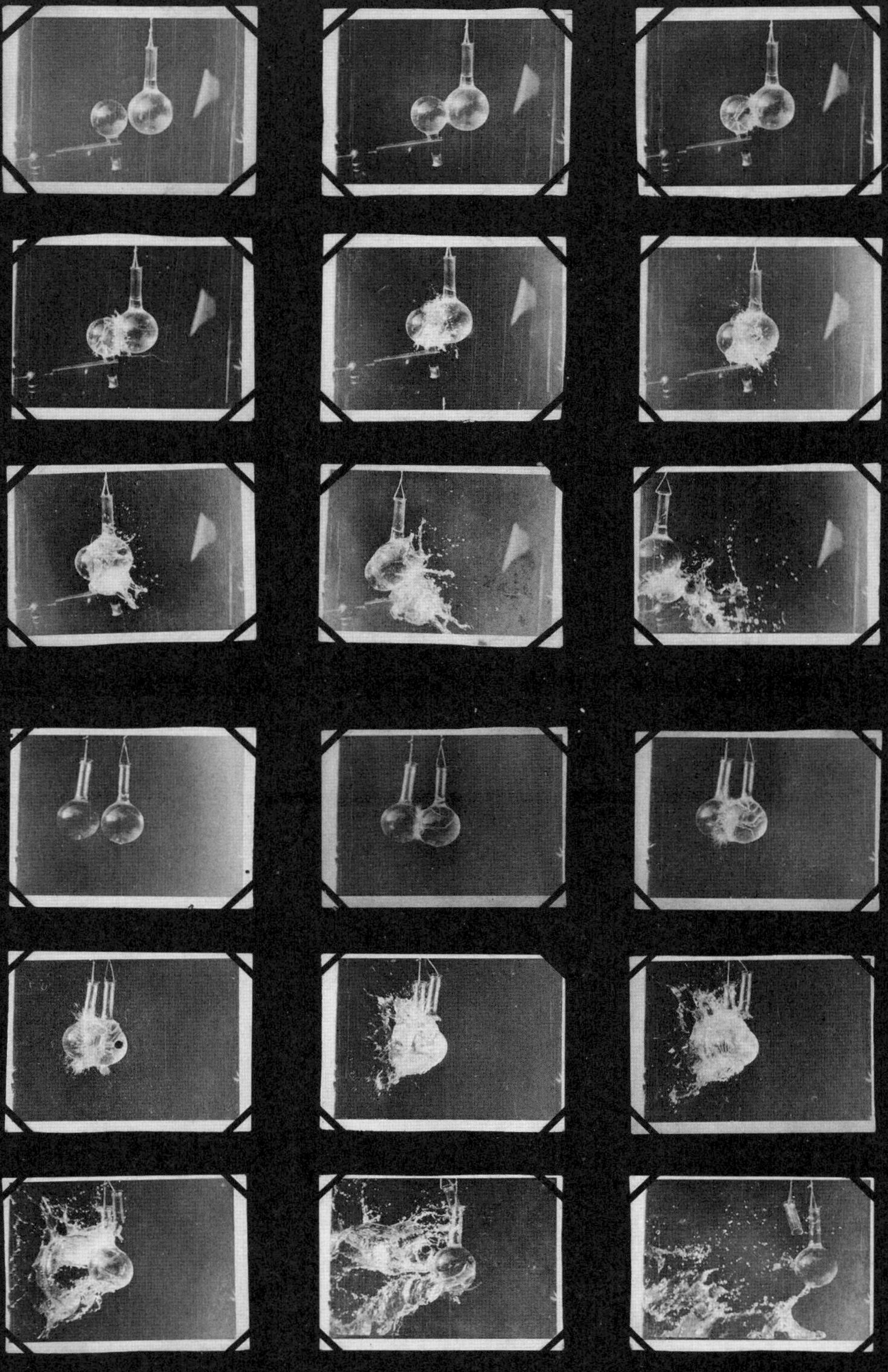

〇」。一九二七（昭和二）年頃のものと思われるが、「断熱膨張冷却実験写真」とされるものがそのときの記録として残されている。一連の三十五ミリ・シネフィルムから九コマを選び、プリントを起こし、黒色マットの台紙へ連続的に貼り込んだものがそれである。

正直の蔵書のなかに、おそらく在英中にロンドンで購入したものであろうが、米人エドワード・マイブリッジ（一八三〇―一九〇四）の有名な二冊の写真集が残されている。一九一八年にロンドンの書肆チャップマン・アンド・ホールから出版された『動いている動物』第四版と、やはり同じ書肆から刊記なしで出版された『動いている人体』第六版がそれである［図二二］。これら両冊には「筋肉運動の連続的位相についての電気写真（エレクトロ・フォトグラフィック）的探求」という副題が賦されており、正直はマイブリッジが実証してみせた「エレクトロ・フォトグラフィ」をよく知っていたのである。

ハイスピード撮影から得られる連続写真の魅力の一端は、マイブリッジの先

図版二〇一（上）「断熱膨張冷却実験」の高速度連続写真九点組／（下）同上、ゼラチン・シルバー・オリジナル・プリント、台紙に貼り付け、一九二七年頃（阿部正直撮影）。

Series 62.

DANCING GIRL. A PIROUETTE.

Photographed synchronously with Seriates 63 and 64.

Series 63.

DANCING GIRL. A PIROUETTE.

Photographed synchronously with Seriates 62 and 64.

Model 12.

Time-intervals: ·277 second.

For some of these phases, from the original work, see pages 253 and 255.

例が示す通り、画像の提示の仕方にもある。シネカメラ「セプト」の扱い方に習熟していた正直はコマ撮りをおこない、そうして得たコマ写真をシネフィルムのように連続するシークエンスとして提示してゆく。そうすることで、静止画像によっても、大気の変化する様子や速度が表せると考えたのであった。

連続写真による物理実験のデモンストレーションは、実験物理学者という「貌」のみならず、写真家としての正直の面目躍如とでも言うべき、高度な成果に結実していたのである。黒色のマット台紙への連続写真の固定方法は、単純にして、美しい。以後、「セプト」で写した連続写真には、それが多く用いられることになった。

ところで、なぜ御殿場が山雲研究のフィールドとなったのか。

まず、地の利がある。思えば、鉄道の東海道線が開通し、富士を望む標高四百五十メートルの難所に、御殿場停車場が造られたのは一八八九(明治二二)年

図版二一 エドワード・マイブリッジ著『動いている人体』第六版、ロンドン、チャップマン・アンド・ホール、無刊記(一九一七年)(Eadweard Muybridge, *The Human Figure in Motion*, sixth ed., London, Chapman & Hall, n.d.(1917), Series 62-63)。

のことであった。保養地の箱根に近い御殿場は、明治初めから外国人や貴顕の別荘を多く受け入れてきた場所であり、すでに一大別荘地として開発が進められていた。華族の一員であった正直にとって、そこは子供の頃から慣れ親しんだ場所でもあったのである。

また、なぜ富士山が観測対象に選ばれたのかとの問いもある。これについては『遺稿集（草稿）』に掲げられた研究題目「富士山の雲形の研究」に次のような説明がある、「富士山の雲形は山の形が円錐形の単純な形をしてゐる事から山の障害は雲形として其処に現はれる山雲は基本形とでも云へる形のものが造られる又標高が抜群で有るため高さに関する種々の山雲の形が見られると云ふ特徴がある」。ここでは不思議な山雲の出現で知られるエトナ山が、富士とほぼ同じ高さの、形状のよく似た孤峰であることに思いを致さねばならない。

正直は言う、「山に接しあるいはその周囲に現れる雲の形は千差万別でその形は一様でない。……山雲の形はその山の周囲における気象状態を現すことになる。山が高ければそれだけ多様の雲形現象が発生する。また山の形が単純であるほど気流状態も単純であるから雲形もまた標準型とでも言うような簡単な形を現すことになる。このような意味で富士山は孤立した円錐形に似た山であり高さにおいても適当な山である」。

要するに、円錐型の山容を有し、日本一の標高三千七百七十六メートルを誇る富士山は、その周囲に生じる気流と、それらが生み出す雲の相関性を調べる上で理想的である。正直はそのようにみて、御殿場に白羽の矢を立てたのであった。

■山雲と逢う

一九二六（大正一五）年は忘れ得ぬ年となった。梅雨が明け、七月も終わろうかという時季のことである。正直は、御殿場で本格的に雲の観察を始めようとしていた。

八月一日の日記には、朝起きてすぐ二之岡神社まで散歩したとある。二之岡には正直が「芹澤氏」と呼ぶ人物が住んでいた。その「家の二階から廻転雲形を撮影した」と『遺稿集』にあるが、それが同じ日のことであった可能性もある。二之岡への道すがらであったのかどうかはわからないが、上空に「雲（シラス）」を発見し、撮影をおこなったとある。「雲（シラス）」とは「巻雲」のことである。

日記には「本日初メテステレオトシテ試ム」とある。とすれば、「巻雲」に焦点を絞り、三十五ミリ・シネカメラ「セプト」でステレオ撮影を試みたということなのであろう。記録によると、そのときの撮影が富士の山雲を被写体として立体写真の撮影をおこなう、最初の挑戦であった。夕方もまた散歩に出たようで、「夕雲金色ニ輝キテ美シ」の感想を残している。

御殿場で野外観測を続けていた正直に、八月四日午前一〇時三〇分、またとない機会が訪れた。観測者は十秒間隔で「セプト」のシャッターを切り始めた。それは雲の発生プロセスを記録するため、以前から考えていた方法であった。眼前の雲は「廻り雲」のようである。雲が変容する様子は、連続写真のかたちで、フィルム上に記録されることとなった。観測地点に撮影機材を持ち込んだばかりのことで、まさに幸運の到来と言うに相応しいタイミングであった。

当日の日記には次のようにある、「一、クラウド・キャップヲ着タル富士山ノ撮影ヲスル。風ハ南風。一、レンティキュラー・クラウド出ズ」。「レンティキュラー・クラウド」は「レンズ雲」の意で、一般に「笠雲」の名で知られる雲である。富士山頂に生じるそれは不思議なかたちに姿を変えてゆく。「数箇

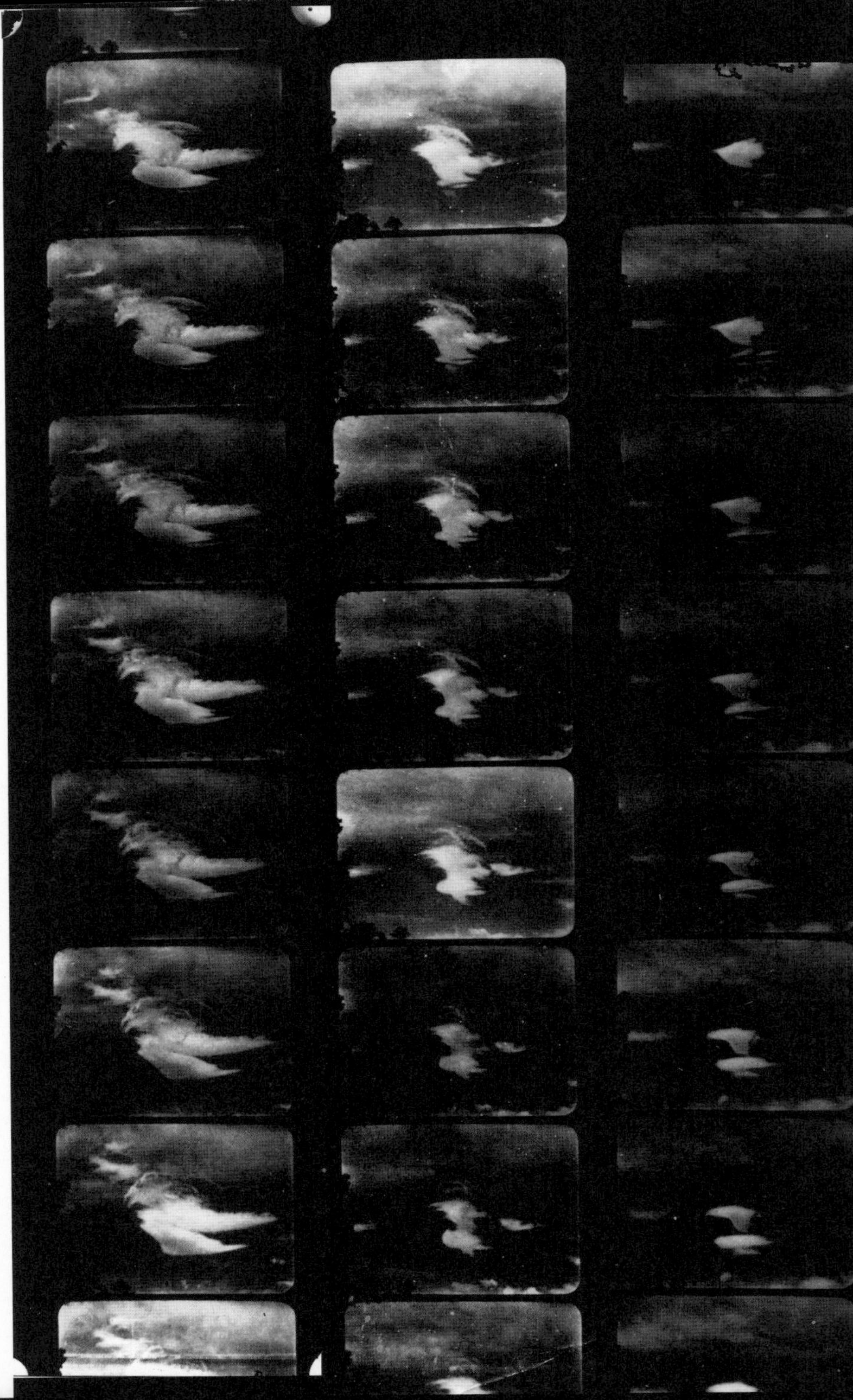

所ニ出タレド富士山ニヨルモノ最不可思議ナル変形ヲナス。之ヲ撮影ス。風速ハ不規則デアツタ」。要するに正直は、富士山頂の「笠雲」を撮影していた、ということである。

「阿部雲気流研究所」の「富士山吊し雲気象記録」にも同日の記録がある。八月四日の午前一〇時三〇分、正直は「廻り雲」の存在に気づいたようで、「縦軸廻転気流ニ依ルモノト見ラレル如キ雲粒ノ動キヲ為シ雲形ハ刻々変化ス。廻転ヲ示ス、変化スル、翼型」と記している。「吊し雲」は、廻転しながら、螺旋状の渦をなしつつ上昇する気流にほかならない［図二二］。雲の最下部は上昇する雲粒の発生面である。そのことをシネフィルムのデータから確認できたとの報告であった。

正直は変容する雲を連続的に捉えた写真から何かを摑んだようである。コマ落とし撮影カットのなかから六枚を選び、プリントし、組写真として縦三十センチ、横七十一センチの台紙に貼り、額装まで施している。キャプションには

図版二二｜「立体活動写真ヒルム」、ゼラチン・シルバー・オリジナル・プリント、台紙にコマ撮り写真フィルムのコンタクト・プリントを貼り付け、一九二六年八月四日（阿部正直撮影）。

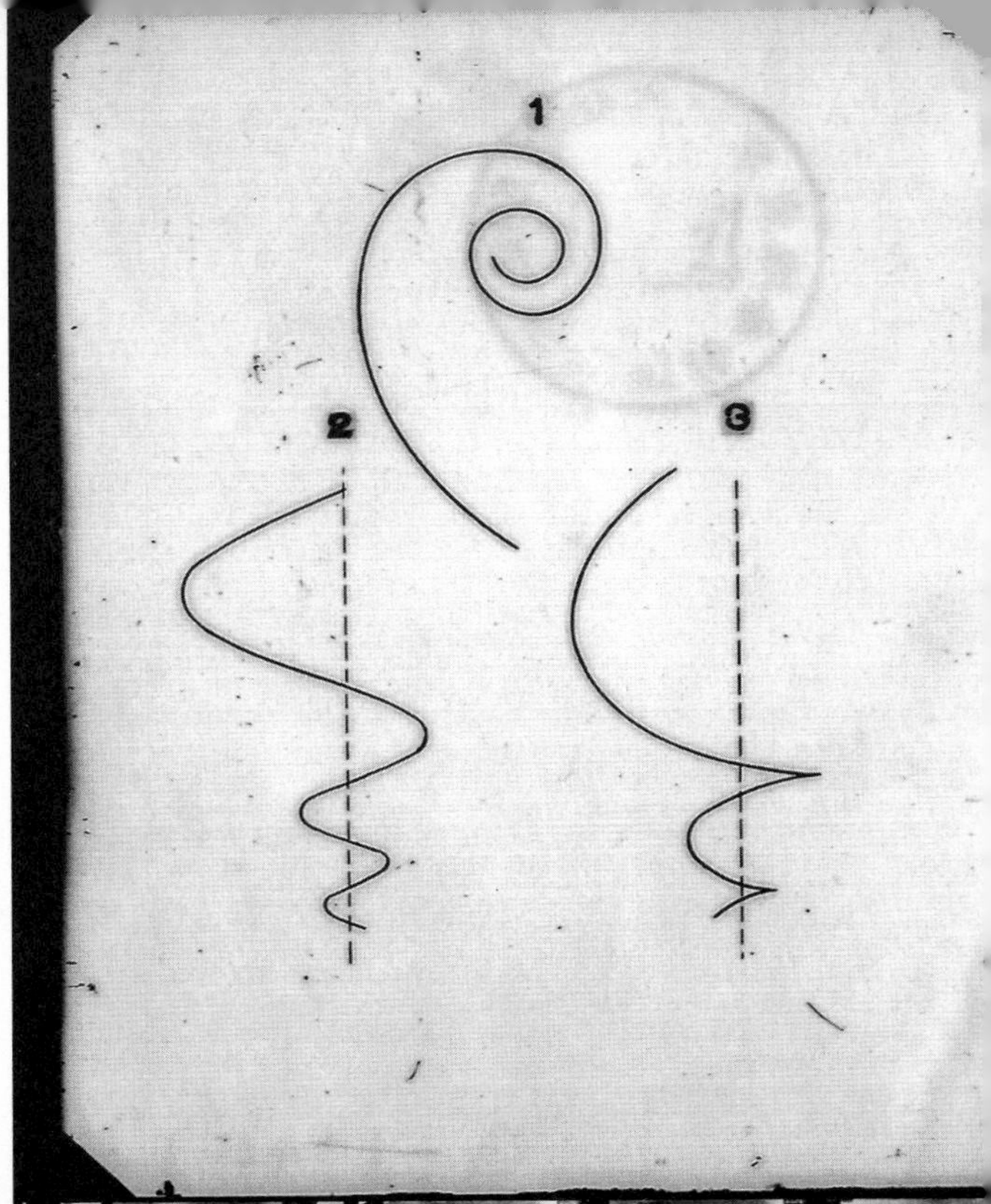
1
2
3

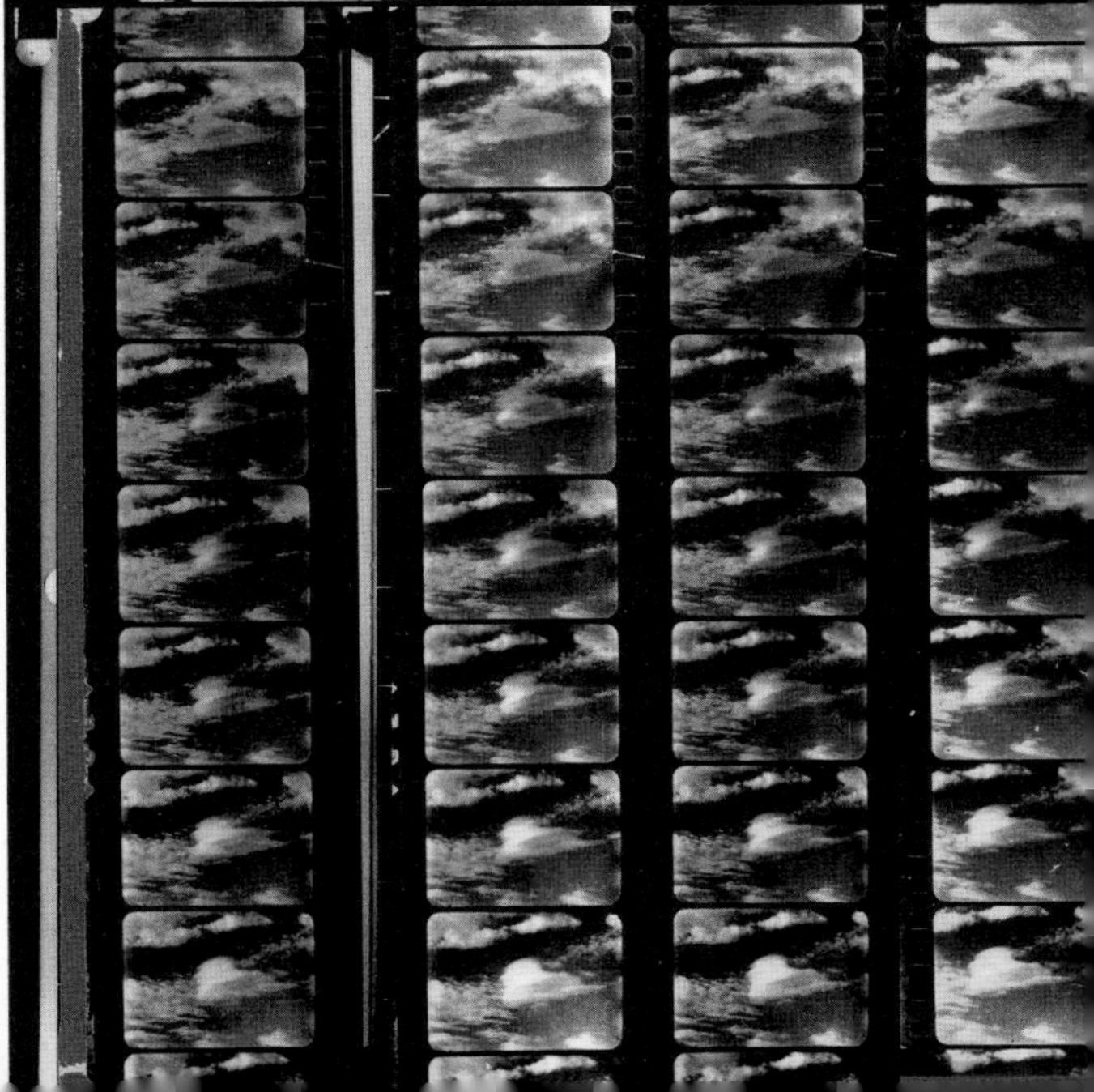

「かさばり雲の中風雲連続写真、大正十五年八月四日一〇時三〇分より、静岡県駿東郡二ノ岡」とある。よほど愛着があったのか、その額は晩年まで仕事場の壁に掛けられていた。

この日の観測記録とその解析結果は、一九二七（昭和二）年発行の大日本気象学会会報『気象集輯誌』第二輯五巻七号に、「気流の渦に生じた廻り雲の活動写真に依る研究」の表題で発表されている［図二二は論文附図］。翌年その処女学術論文は英訳され、中央気象台の欧文雑誌『ジオフィジカル・マガジン』第一巻五号に再録された。

ヘルムート・フェルター氏は、雲研究の目的が示されている文章として「雲の動きを活動写真を使って調べると、雲そのものの動きを分析的に知ることだけでなく、大気の流れをその速さとともに調べることにもなる」という英語論

図版二三一（上）「スピラル状縦軸廻転気流内に発生した廻り雲と翼雲の一部」、ゼラチン・シルバー・オリジナル・プリント、一九二六年八月四日（阿部正直作図撮影）／（下）「立体活動写真ヒルム」、ゼラチン・シルバー・オリジナル・プリント、台紙にコマ撮り写真フィルムのコンタクト・プリントを貼り付け、一九二六年八月四日（阿部正直撮影）。

文冒頭部を引用し、正直はネイティブの手を借りず、英国滞在時に磨いた語学力を駆使して、自力で翻訳文を準備したに違いないとの見方を示している。

ともあれ、正直は当日の観測から学術的な成果という手応えを感じ取ったようである。残されたデータには次のようにある、「高度五百メートル、雲の方向、北より西へ五十度、仰角二十二度、気温摂氏二七・五度（室内）、気圧七百二十三ミリメートル」。この観測データについての解説は、こうである。廻転する雲形をともなう珍しい「吊し雲」であった。それは一定の空間にあって、横に、あるいは縦に伸び、ひと塊となり、分かれてふた塊となり、絶えずかたちを変え続けていた［図二三下］。鉛直の軸を中心として渦巻く気流の中心付近にできたものと考えられる。コマ撮りしたシネフィルムによってその雲粒の動きを加速してみると、水平な雲底は雲粒の発生面であることがわかる。発生した雲粒は右方へ伸び、さらに上方へ弧を描いて廻転し、上部右方へ流れてから消失している。雲粒の動きは上昇しながら廻転する螺旋型の気流の一部である

［図二三上］。そのように結論づけられたのである。

しかし、問題もあった。雲粒が螺旋を描きながら上昇するなどと言っても、地上にあって、下から見上げている人の眼には、とてもそのように見えない。当然のことながら、理念的なモデルと現実とのあいだに乖離《かいり》があったのである。このため正直は、仰角度と遠近法による変形を考慮しなくてはならないと説いている。その二重の変形作用を踏まえて空間補正すると、件の「廻り雲」は、直径が一キロメートルほどで、八分間に一廻転していたことがわかるという。正直はシネフィルムの画像を解析し、そのことを明らかにしてみせたのであった。

山雲研究と本腰を入れて取り組むには、常時使える研究拠点が必要である。そのことを痛感した正直は、「観測所」の建設を真剣に考え始めた。場所が富士の山麓でなくてはならないのはもちろんである。費用もまた、結局のところ私費で賄うしかない。それが、とりあえずの結論であった。

準備は一九二七（昭和二）年一一月一七日に始められた。日記には「富士山ノ気流並ニ雲ノ観測ヲ為ス為ノ写真撮映《ママ》、観測所ヲ造ル目的デ建設地見分ニ御殿場ニ至ル」とある。それから一ヵ月後の一二月一七日には、「富士山気流、雲形研究所予定地再度視察ノ為御殿場ニ至ル。地点ハ諸久保附近ノ小丘ト定メ、基線ノ他端ハ五百米程離レタル地点ヲ選ブ」。それは富士山頂を西北西に望む、距離にして二万五百メートルの地点であり、前年に「廻り雲」の撮影に成功した場所でもあった。翌日の日記には「予定地ノ縄張其他ヲ定ス」とある。正直の身の回りの世話をしていた家令の小倉行之（生没年未詳）が、土地借用のための煩雑な手続きを進めることになった。とはいえ、簡単な話でもなかった。借地交渉に時間がかかっているからである。

地権者とのあいだで話が纏まったのは、六ヵ月後の一九二八（昭和三）年五月二八日のことであった。八月一三日に地鎮祭が、二五日には上棟式がおこなわれた。「二月」の日付のあるメモによると、「研究室棟上式」の祝儀二十七円五十銭、地鎮祭の神主礼金、車代、神饌代五円など、総額四千九百四十六円があらかじめ見込まれていたこともわかる。九月二〇日には初回分として二千円の支払いがなされた。

竣工した施設は、写真で見る限り、「研究所」というより、「民家」のように映る［図二四］。木造二階建ての和風建築で、外壁が「下見板張り」のせいかもしれない。変わったところといえば、二階の四方に大きなガラス窓が切られていることくらいか。観測には四方が見晴らせる方が便利である、ということなのであろう。

二週間後の一〇月三日には、「新築セル富士山気流研究所ニ入ル」と誇らしげに記している、「今回ガ第一回最初ノ使用デアル」。何かを成し遂げたときに顕れる満足感を滲ませた一文である。四日はあれこれと観測の準備に費やされた。翌五日は、早朝に富士が姿を現したものの、すぐに山全体が雲に包まれ、ほどなくして大雨となり、観測を諦めねばならなかった。

図版二四 「阿部雲気流研究所」、キャビネ判ガラス乾板、一九二八年（阿部正直撮影）（モダン・コンタクト・プリント、二〇一七年）。

翌六日、ついにその日がやって来た。竣工したばかりの「観測所」における、待ちに待った稼働初日を迎えることになったのである。日記を基に、当日の様子を再現してみよう。

気分が高揚していたのであろうか、正直は朝五時半に目覚め、天を仰ぎ、絶好の観測日和であることを確認している。富士の山頂に「笠雲」の発生しているのを見て、直ちに床を離れた。三脚に据えられ、準備万端整えられていたキャビネ判箱形カメラのシャッターを切り始めた。

午前中の太陽は、富士と対峙する正直の左手の側から差し込んでくる。そのため、雲は横からの光を受け、白く輝いていた。一定の間隔を保ちながらシャッターを切り続けるという単調な作業が、午前一〇時まで中断なく続けられた。洗面をおこなう余裕が生じたのは、一〇時半近くになってからのことであった。一一時に遅い朝食をとり、その後は昼食抜きで、午後五時半まで撮影が続くことになった。

一九二六（大正一五）年から一九三五（昭和一〇）年へと至る御殿場阿部雲気流研究所編「富士山吊し雲気象記録」には、一〇月六日の午後三時頃に観察された雲について、次のようなデータが掲げられている、「V字形ノ層積雲状。風上部ノV字先端ニ雲粒発生シ、雲塊中ヲ風下ニ流レテ行ク。A部ノ底面ニハ廻転状見エズ、其上部ノ雲粒ノ動キハ廻転状ト見ル事モ出来ル。B部ハ渦動状ニテ連続的デナイ。C部ハ連続的デ莢状《きょうじょう》積雲形デアル。雲粒ノ消失ハ風下デアル（廻転形アリ、変形少ナシ、V字形）」。正直が観察し、記載した現象は、後日、本郷西片の本邸に設けられた研究室の風洞実験装置において、そのまま再現されることになる。

当日の観測記録シートには、時刻、風向、風速、風力などの基礎データのほか、中央に縦十二・二、横十六・五センチ判ガラス乾板のコンタクト・プリントが、上下にA、Bの順で添付されている［図二五］。Aは本館で撮影した画像、Bはそこから五百メートルほど離れたところにある観測櫓から撮られた画像で

2

CLOUD PHOTOGRAPH

No. 3	year 2588	month nov.	date 24日	time 14.30

A

B

Film No. 50 51	Remarks.
Wind direction S	
Wind Velocity	

ある。二枚の写真は同時に撮られている。したがって、ステレオ写真を成す。シートの下部にはフィルム番号を記す欄もあり、シネカメラ「セプト」によるコマ撮り撮影が、並行してなされたこともわかる。

ふたたび日記に戻ろう。正直が感情を吐露している箇所もある、「撮影合間ニ秋ノ日ニ浴シツ、秋草盛ル草地ヲ散歩ス、心地ヨシ。日入リテハ叢ニスダク虫音何ニ譬ヘンヤウモナシ」。山雲の観察と撮影は、正直にとって、苦行でも仕事でもなく、日々の暮らしのなかで、楽しみながら取り組める活動の一部であった。事実の客観的描写を第一義とする人間が、ときおり漏らす情緒的な記述は実に印象的である。

その当日の一〇月六日の記録を境に、以後終戦に至るまで、観測記録シートは「皇紀年」で表記されることになった。「二五八八（昭和三）年」との記載を採用するに至ったのはなぜか。何らかの決意、心境の変化のようなものが、正直の裡に起こっていたのであろうが、その理由は定かでない。もちろん、それ

図版二五――「Cloud Photograph No.3」（ステレオ写真）、ゼラチン・シルバー・オリジナル・プリント、台紙にコマ撮り写真フィルムのプリントを貼り付け、一九二八年一一月二四日午後一時三〇分（阿部正直撮影）。

7
4
1
8
5
2
9
6
3

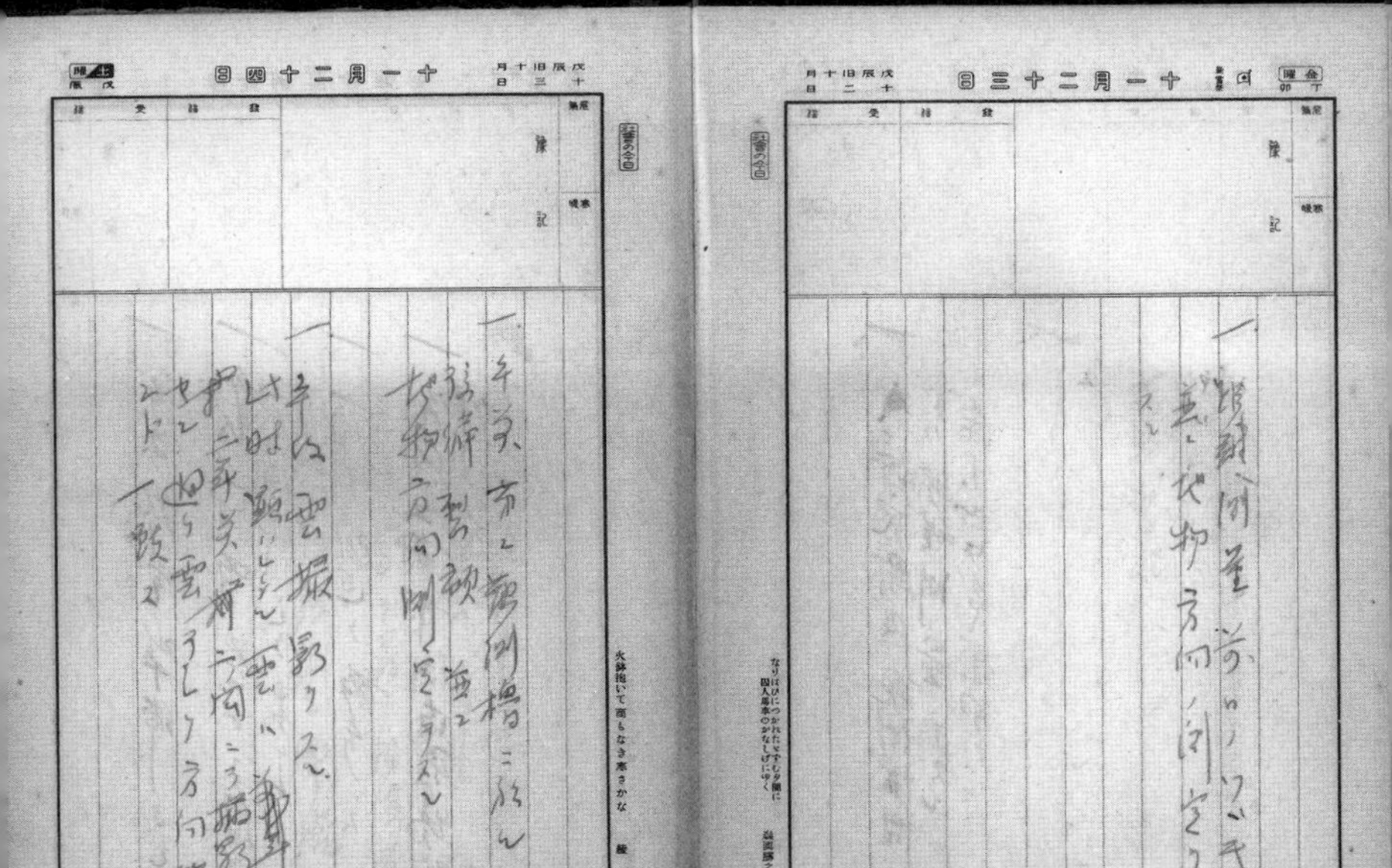
金曜 丁卯
十一月二十三日
新嘗祭
戊辰旧十月十二日
諸外國公使參內して車駕東幸を賀す(明治元) 維新の元勳島津久光氏の銅像鹿兒島に成る(大正一五)
340
なりはひにつかれたやすむ夕闇に囚人馬車のかなしげにゆく 長岡勝之助
土曜 戊辰
十一月二十四日
戊辰旧十月十三日
火鉢抱いて何もなき寒さかな 綾華
鮮人朴烈一味の陰謀事件發表さる(大正一四) 長野騷擾事件豫審終結有罪百四十三名(同一五)
341

をほのめかすよう資料があるわけでもない。

なお、一〇月六日に撮影された写真は、後日研究室で実施される気流実験の結果と併せて、翌一九二九（昭和四）年の大日本気象学会会報『気象輯誌』第二輯七巻五号に発表された論文「活動写真に依る雲の動きから見た富士山の気流」に、傍証として掲載されている。図版のキャプションから、午前七時には二十秒間隔で、午後三時からは二分間隔で、それぞれ撮影をおこなっていたことがわかる［図二六上］。

もう一例、最初の観測日から一ヵ月ほどした一九二八（昭和三）年一一月二四日を見てみよう。正直はその観測日をどのように過ごしたのか、残された記録を基に、時間の流れを辿ってみたい。

「午前第二観測櫓ニ於テ設備整頓、並ニ地物方向測定ヲスル」とあることから、午前中はおそらく普段通りの日課をこなしていたに違いない。天候の

図版二六―（上）「富士山と雲の変化――午後三時／時間差二分」、ゼラチン・シルバー・オリジナル・プリント、台紙にコマ撮り写真フィルムのプリントを貼り付け、一九二八年一一月二四日午後一時三〇分から（阿部正直撮影）／（下）阿部正直、「日記」、一九二八年一一月二四日土曜日。

記載に始まり、気温、湿度、風向、風力、気圧など、基本的な観測データを、「フィールド・ノート」と呼ばれるものに記録する作業がそれである。「当日午前中は富士山の全姿が顕はれ居たるも上層には、高層雲多く曇天であつた。正午近くに至つて富士山右方の空に高層雲を背景として定位置に静止する灰黒色の速習雲塊生じ其形は多少の変化あるも大したる変化無し」。

母屋から五百メートルほど離れた観測櫓を担当していたのは高須勉（生没年未詳）であった。中学卒業後すぐに助手として雇い入れられた高須は、研究所に勤めるようになってすでに半年近くが経っていた。観測櫓で待機していた高須もまた、機材の準備を整え、同じようなルーティーンを過ごしていた。

富士を遠望しながら昼食をとり、ひと休みしようかという午後一時過ぎのことであった。山頂に眼を凝らしていた正直は、何か予兆のようなものを感じ取ったのであろう、姿の変わった雲が現れるのではないかと直感した。上空には全面的に「高層雲」が広がっていた。右方には「高層雲」の下方に「風雲」

が生じており、それが上層の雲で日差しを遮られたため、灰黒の色を帯びていた。御殿場附近の気象では、地上で南風、山頂辺で西風、「莢状雲《きょうじょう》」が遠くに点々とある場合、特殊な「風雲」がよく現れる。それが正直の有する経験知であった。

そこで正直は、観測櫓で待機していた高須助手へ、撮影の準備に入るよう命じた。時刻が午後一時三〇分になるのを待つようにして、正直は富士の山頂に向け、まず仏国ボーシェ商会社製六×十三センチ・ガラス乾板「ヴィトラ」を装塡したカメラのシャッターを切り始めた［図二七上］。レンズの先には逆光に浮かぶ「廻り雲」があった［図二七中］。富士上空の「高層雲」の広がりを背景にして、山の右方に見えている、上層の「高層雲」で日光を遮られ灰黒色を呈している「風雲」をスチールカメラに収める。もちろん、カメラのレンズは固定され、同一の撮影条件が保持されていた。この約束事を守っていると、後で写真の画像を比較検討することができるからである。

VITRA
PLAQUES DIAPOSITIVES
TONS CHAUDS
M.BAUCHET et Cie
5219 RUEIL 6×13

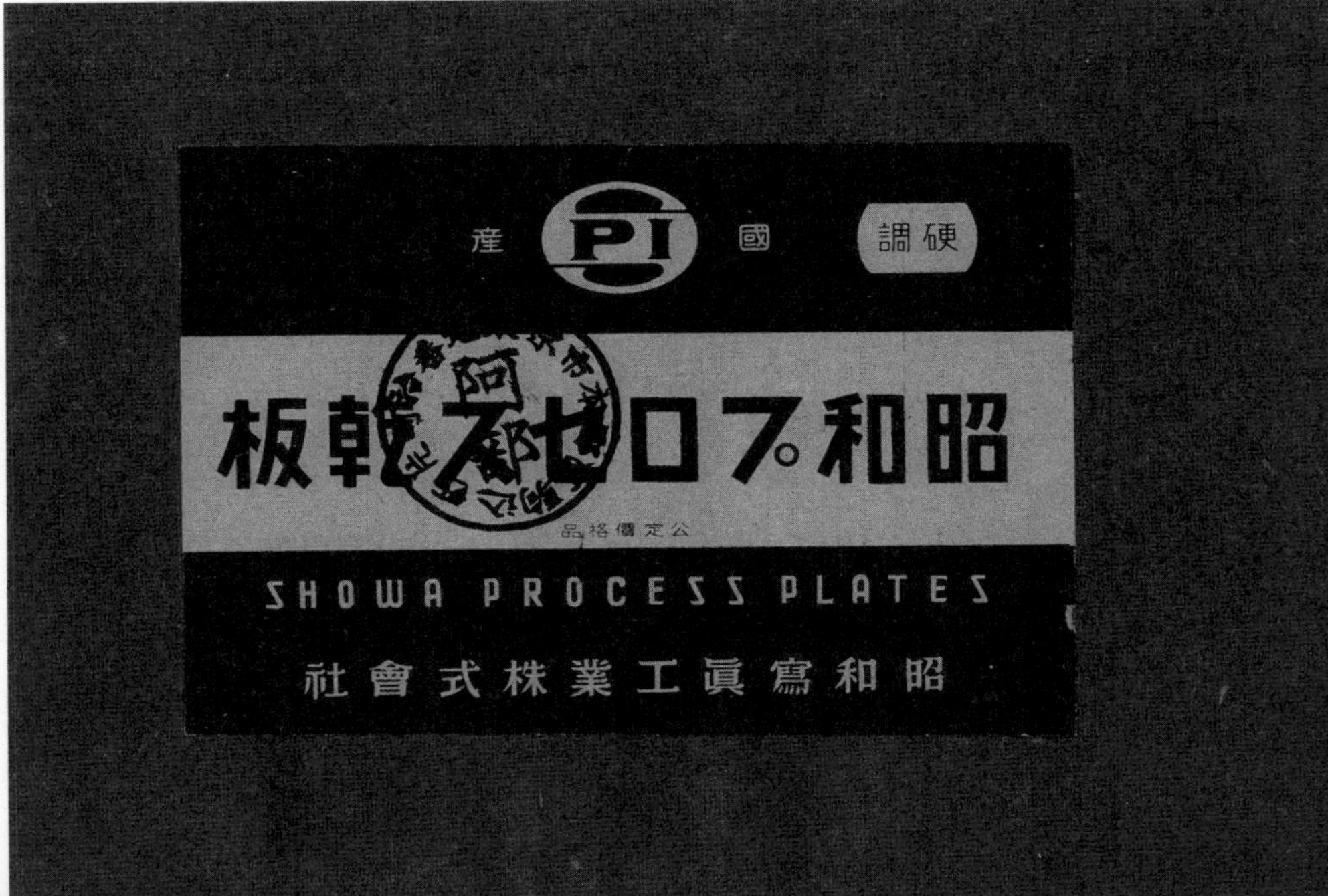
國產
硬調
昭和プロセス乾板
公定價格品
SHOWA PROCESS PLATES
昭和寫眞工業株式會社

とはいえ、大判にしても中判にしても、スチール写真の連続撮影は大変であった。ロールフィルムを使っていたわけでなかったからである。そのため、助手が傍らに控え、ガラス乾板のフォルダーを次々と交換してゆかねばならなかった。そうした作業が介在していたことを証するかのように、正直の遺産のなかには大量の木製フォルダーが残されている。

カメラを操作する合間に、観測櫓で待機している高須助手へ信号板を使って合図を送った。動きを同期させるようにして三十五ミリのシネカメラ「セプト」を始動させ、十秒に一回シャッターを切るコマ撮りを始めようというわけである。

「セプト」の専用スプール缶に四・五メートルのフィルムを装塡し、手動式ゼンマイを巻き上げ、コマ撮りを始める。専用スプール缶を満杯にし、フィルム尺四・五メートルの限界まで続けると、十分余りが経過する。すると、次の段階が待っていた。午後一時四三分の観測記録シートには、次のようにある、

図版二七一（上）仏国ボーシェ商会製ガラス乾板「ヴィトラ」／（中）「六×六判ガラス乾板と阿部正直自製木製フォルダー」／（下）昭和写真工業製「昭和プロセス乾板」、一九二〇年代。

「廻転状トシテハ一廻捩《よじ》レタル形トナリ、上面廻転形ノ縁ヲ現シタリ、一般ニ廻転形ヲ示サズ。廻転僅カアリ、変形少ナシ、翼型」。撮影作業が進む傍らで、観測記録シートの記入も併せて進められた。

四十分後の午後二時二〇分から十秒間隔で四十分間の撮影が再開され、二百四十コマの静止画が得られた。五秒間隔でシャッターを切ると、一秒間に十六コマの標準スピードで再生した動画は八十倍速になる。十秒間隔とすると、百六十倍速の動画となる。

観測記録シートへの書き込みも二時二〇分に再開された。日中の気温摂氏十四・五度、風速四メートルから五メートル。「高層雲」が次第に姿を消してゆき、雲間から上層の「高積雲」が見え始めた。ふたたび五百メートル離れた母屋と観測櫓の二地点で、ステレオ写真用スチール撮影がおこなわれ、それと同時に二度目のムービー撮影が開始された。二地点で同時並行的に手動でシャッターを切る。しかも、それを十秒間隔で、機械的に繰り返す。実に集中力と忍耐力の求められる作業であった。

さらに四十分後の午後三時から、ふたたびスチールの撮影、観測記録シートへの記入が始められた［図二六上］。後日、『気象輯誌』へ送附された原稿には、「一五時頃には高層雲がほぼ消失し、高積雲のみが現れており、風雲は日光を受けて白色に光つた」とある。ムービーの撮影もスチールの撮影と並行してなされた。この日の三度目の収録である。その時点では、「高層雲」がほぼ消失し、「高積雲」型の雲だけになっていた。

午後三時に始められた撮影セッションを最後に、観測作業は終了した。その頃には風も収まり、ほぼ無風に近い状態になった。夜、正直は普段から使っている博文館発行「昭和三年当用日記」に、次のように綴っている、「一、午前第二観測櫓ニ於テ設備整頓、並ニ地物方向測定ヲスル。一、午後雲撮影ヲスル。此時頭ハレタル雲ハ二年前ニ二ノ岡ニテ撮影セシ廻リ雲アレリ方向殆ンド一致ス」［図二六下］。助手たちには、現像、プリント、データ浄書の仕事が待っていたはずである。

　かくして、一一月二四日に三十五ミリ・シネフィルムによるステレオ撮影が実現したのであった。時間とともに変化する雲の様子を、五百メートル離れた二地点から同時並行的にシネカメラで撮影し、得られた二本のフィルムを同時並行的に映写機で投影し、それを立体眼鏡を使ってステレオ視させることができたら、三次元的な「活動写真」が成立するに違いない。そのように考える正直には、「立体視」する方法、「立体視」させる方法の探求が、まだ課題として残されていたのである。

　正直の企ては、したがって、山雲の生成から変容を記録するデータの獲得を目指す気象学的なフィールドワークであると同時に、三十五ミリ・シネフィルム・ベースの動画像を用いたバーチャル「立体視」の実現を目指す、映像技術的な挑戦であったとも言える。写真とシネマの融合、寺田寅彦の示唆を得てから二年半ほど経って、ようやくそれが現実化しようとしていたのであった。

後日、『気象輯誌』第二輯一二巻七号に寄せた論文「異常の高度を示す高積雲型の雲」のなかで、正直はこのときの映像について次のように述べている、「高層雲が次第に消失して、雲間から上層の高積雲が見えてゐる。『活動写真』によつて動きを見ると、上層の高積雲が左方から右方へと流れ、風雲はそのために断続的に日光を遮られて色が変化するようすを知ることができる」。それが動画像の分析による気象学的な観察成果であった。

この日の記録としてわれわれの手許に残されているのは、午後一時四三分、同二時二〇分、同三時〇〇分の富士周辺の気象データが略図とともに書き込まれた観測記録シート三枚、「廻り雲」を撮影した仏国製六×十三センチ・ガラス乾板写真相当量とそれらを基に制作された「廻り雲」のステレオ写真、各四・五メートル尺の三十五ミリ・シネフィルム六本とそれらを基に制作された「廻り雲」の立体活動写真（ステレオ映像）、さらに上記のステレオ写真とステレオ映像の密着プリントである。

当日の観測は学術的にも有意なものであった。一九三〇（昭和五）年発行の『気象輯誌』第二輯八巻八号掲載の論文「昭和三年十一月廿四日の富士山の風雲」に当日の「風雲」の写真が挿図として使われているからである。一九三四（昭和九）年発行の上掲誌第二輯一二巻七号に掲載された論文「異常の高度を示す高積雲型の雲」でも、立体写真に拠る雲高度算出法の実証例として、立体写《ステレオ》真のほかに、コマ撮りされた立体活動写真が提示されている。

一九二九（昭和四）年二月一〇日の日記には、「中央気象台ニ藤原博士ヲ訪問、雲第二回論文ヲ提示、批評ヲ乞フ」とある。正直は『気象輯誌』第二輯七巻五号に掲載された第二学術論文「活動写真に依る雲の動きから見た富士山の気流」の抜き刷りを手に、帝大地震研究所教授で、中央気象台の仕事も兼務していた藤原咲平博士（一八八四―一九五〇）の許を訪ねたのであった。二人の出会いは、このときが最初だったようである。直接の面談を通して、正直の研究の学術的な意義を見知った藤原は、以後も様々な局面で研究を支えることになった。

■海外に出る

一九三〇年七月三日、正直は二度目の海外旅行に出発した。一度目と同じく、東南アジア経由でヨーロッパを目指す船旅であった。英国サザンプトン港に上陸した正直は、すぐに鉄道でロンドンへ向かい、「ザ・メイフェア・ホテル」に投宿している。それは中心部のバークレイ・スクウェアに誕生して間のない豪華なホテルであった。

イギリスではロンドンとアバディーン、さらにドーバー海峡からカレーを経由して、パリ、ブリュッセル、リエージュ、アントワープ、ハーグ、ザールブリュッケン、ボーデンゼー、グラーツ、ウィーン、ベルリン、ポツダム、ストックホルム、オスロ、ベルゲン、ローマ、バルセロナと、ヨーロッパ各地を巡った後、カナダ・パシフィックの船で大西洋を横断し、米国東海岸のボストン、ワシントン、ロサンゼルス、サンフランシスコを経て、四月二五日北米航路に就航した「太平洋の女王」こと日本郵船籍「龍田丸」で、一二月三一日に帰国するという旅程であった。旅先では、日本大使館、三菱商事、日本郵船など、多くの現地関係者から応接を受けた。ウィーンの「ホテル・インペリアル」、オスロの「グランド・ホテル」、ストックホルムの「ホテル・プラザ」、チューリヒの「ボーオーラック」、インターラーケンの「ビクトリア・ユングフラウ」、ローマの「エクセルシオール」など、超一流ホテルのステッカーの貼り込まれた旅行鞄が残されている。官民挙げてのネットワークに支えられての、半年間に亘る贅沢な単身旅行であった。

正直は日本橋の三越呉服店製のヌメ革旅行トランクのなかに、論文の抜き刷り、写真、フィルムなど蓄積してきた研究成果を入れていた。気象庁、測候所、天文台、研究者を各地に訪ね、山間部の気流の変化に関する記録や写真を閲覧する、というのが表立った目的であった。そして実際、パリ、ベルリン、ポツダム、ウィーン、ローマでは、現況の視察とでもいうのであろうか、各国の主要な気象観測所や研究機関を訪問している。

もちろん、旅の目的はそれだけでなかった。ポツダムの気象観測所で入手した雲写真が残されているが、雲、気流、観測機器に関する資料を収集する、というのは言うまでもない。雲気流研究における海外の動向を探りたいという思いもあったろうし、またシネフィルムを駆使した三次元動画分析の方法論的妥当性について、海外の専門家の意見を聞いてみたいとの気持ちもあったに違いないからである。

事実、ロンドンでは、気象庁、科学博物館、キュー天文台のほかに、気象学者として知られていたネイピア・ショー卿（一八五四―一九四五）に面会を求めている。ショー卿はスローモーション映像による雲研究を進めつつあった。とはいえ、ショー卿の選んだ高速度撮影技術は、雲研究に不向きであった。当時の撮影機材はフィルム尺に制限があり、一本のロールでは、雲のような被写体の、ゆっくりした動きをカバーするだけのコマ数を用意できなかったからである。

ロンドンから鉄道でアバディーンまで足を延ばしたのは、ジョージ・オウバーン・クラーク（一八七九―一九四九）に会うためであった。当時、クラークはアバディーン測候所の写真家として知られており、面会のさいに正直へ委ねられた写真類が、後日、藤原咲平の編集になる国内初の「雲図帖」に図版として使われることになる。

オスロでは「グランド・ホテル」に滞在し、一八六六（慶応二）年に創設され、北ヨーロッパの気象学、海洋学、気候学の一大センターとして知られていた「ノルウェー国立気象研究所」を見学している。また、流体力学を援用した独自の研究手法の開発で知られていた気象学者ヴィルヘルム・ビヨークネス博士（一八六二―一九五一）を、はるばるベルゲンまで訪ねている。博士には一九二〇年代に帝大の藤原咲平を外国人研究者として受け入れた経験があった。そのため、日本人研究者の水準や関心についてよく承知していたのである。確証はないが、正直が藤原の紹介状を手にしていた可能性もある。

正直の遺産のなかには、各国の気象観測所ばかりでなく、天体観測機関の建物、設備、備品についての資料も多く残されている。なかでも、一八九六（明治二九）年のベルリン産業博覧会のさいに開設されて以来、長さ二十一メートル、レンズ径六十五センチという世界屈指の大きさを誇る屈折望遠鏡の存在で知られていた、ベルリンの「アルヒェンホルト天文台」の観測体制には驚かされたようである［図二八上］。正直は天文台から発送された、「一九三〇年八月一八日付」の消印のある大判航空便を帰国後に受け取っている。現存する封筒のなかには、天文台の写真、絵葉書ほか、資料一式がそのまま、正直宛の領収書とともに残されている。日本国内に国際標準の天体観測施設を建てるとすると、どのようなものになるのか。その具体的なイメージを得ることも、おそらくは視察の目的のひとつであったに違いない。

当然のことながら、観測機器、映像機材に関する調査と、そしてそれらのなかのいくつかを購入することも旅行の目的としてあった。実際、エストニアの

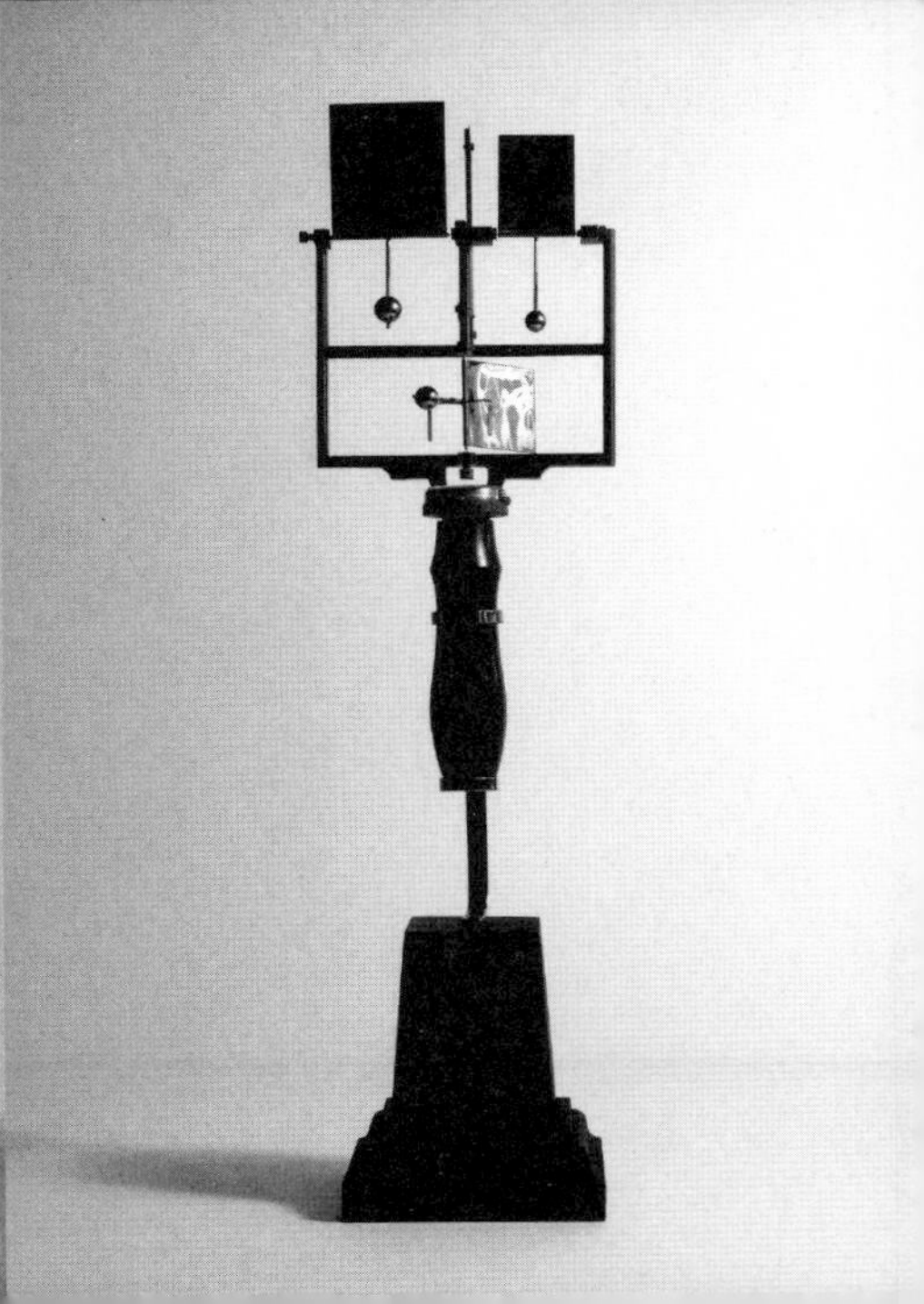

天文学者エルンスト・ユリウス・エピック（一八九三―一九八五）の開発した「エピック式風速計」が、正直帰国後、御殿場で使われるようになった［図二八右下］。それは一九二九（昭和四）年にフランスで商品化されたばかりの、最新鋭観測機器であった。

南独リンデンベルクのプロイセン大気観測所では「電線利用探測気球」についても新たな知見を得たようである。それは名前の通り、気球と一緒に上空へ揚げられた探査装置と地上を電線でつなぎ、居ながらにして上空の気象データを取得できる遠隔操作システムであった。遺産のなかにその写真が残されている［図二八左下］。二年後の夏、正直は御殿場で自らの「観測気球」を揚げることになる。観測機器を搭載した気球を揚げ、地上から電線を介したリモート・コントロールで機器を動かす。正直が十代の頃にカメラを搭載してやろうとし

図版二八―（上）「世界最大屈折望遠鏡」、ベルリン、アルヒェンホルト天文台、ゼラチン・シルバー・オリジナル・プリント、一九三〇年（撮影者未詳）／（右下）仏国製エルンスト・ユリウス・エピック開発「風速計」、一九二九年／（左下）「電線利用探測気球」、リンデンベルク、プロイセン大気観測所、ゼラチン・シルバー・オリジナル・プリント、年代未詳（撮影者未詳）。

ていたことが、そのとき初めて実現したことになる。気象観測用の機器類については、ベルギー、ドイツ、スイス、イギリスなど、それぞれの国の製品の違いについても、正直は記述している。

思えば、正直と直子の結婚を報じた新聞記事のなかで、才気煥発と謳われた新妻は、「海外留学」に出たら、硬式飛行船の現状など航空事業の将来について勉強してきたいと語っていた。その直子の期待するところでもあったのだろうか、正直はボーデン湖畔のフリードリヒスハーフェンを訪れている。

フリードリヒスハーフェンはドイツ空軍のフェルディナント・フォン・ツェッペリン伯爵（一八三八―一九一七）が、巨大な有人飛行船を開発した街として知られており、第一次世界大戦後もなお航空機産業の拠点の地位を保っていた。ベルサイユ条約により航空機の開発が禁じられていたドイツにとって、自国とスイスの国境に跨るボーデン湖の上空は試験飛行が許される貴重な空間だったのである。

正直はそのフリードリヒスハーフェンのクールガルテン・ホテル滞在中、「ドルニエ飛行艇 **D-1929**」に搭乗している。それはドイツのドルニエ社が三年ほど前に完成させた巨大飛行機で、主翼が胴体上部にあり、その上面にエンジンナセル六基が据えられ、それらの前と後にシーメンス社製ジュピター・カーチス・ライト・エンジンが装着された新鋭機であった［図二九上］。

飛行艇内は三階層に分かれていた。正直が搭乗したのは中間層で、贅沢な内装の貴賓客席であった［図二九下］。乗員乗客併せて百七十人近くを輸送できる世界最大の飛行艇は、やがて世界周遊を果たし、航空機の歴史に名を残すことになる。

搭乗日は生憎の悪天候で懸念もあったが、「経験の為」に、と思って搭乗してみた、というところが正直らしい。『遺稿集（草稿）』によると、「天候は何れかと云へば悪い方でしたが、雲に接するには此上無い天候だと云へるでせう。出発後間もなく積雲層を超えましたが層積雲には達せず□地上四百米位の高を

DORNIER
D-1929

保つて飛行しました。……雲の変化著しく、強雨に合ひ密雲に入り又日光に浴するなど雲の変化は相当に著しいものでした。雲中に突入した時は直立してゐる人が踏み違へる程に前方へ傾斜して上下左右の動揺を感じました。此他、積乱雲の高く聳立てゐるものも案外に見られますし、相当上昇気流のある事も察せられます」。正直は機内で辞書を片手にドイツ人の先達エベルハルト・ランペルツ博士（生没年未詳）と会話を交わしたという。『遺稿集』に出てくる苦労譚である。

フリードリヒスハーフェンでは「高層気流観測船」も体験搭乗している。観測船は後甲板から気象機械を取り付けた八十立方メートル級の気球を、高度四千六百メートルから七千メートルの上空に揚げ、風下に向かって繋留線をできるだけ垂直に保つようにしながら「速度八十米程」で進む。その間に観測データを取得するのである。正直の搭乗した観測船はボーデン湖畔からチェコ国境上空を通過してボヘミアまで飛行した。ヨーロッパ・アルプスを上空から眺める

図版二九―（上）「ドルニエ飛行艇 D-1929」外観／（下）「ドルニエ飛行艇 D-1929」貴賓席内部、ゼラチン・シルバー・オリジナル・プリント、一九二九年（撮影者未詳）。

という得難い経験をした正直は、切り立った連峰の谷間に生じる雲海を、「危険も忘れて見ほれたものだ」と回想している。そのときの体験を記憶にとどめたいという思いがあったのであろうか、アルプスの山々のあいだに生じる雲海を撮影した航空写真を、旅の思い出として現地で多数購入することになった。

『遺稿集（草稿）』には、旅行中に学んだことがほかにもいくつか挙げられている。なかでも意味深いのは、立体写真に関する事項である。

たとえば、スペインのバルセロナでは、当時「塵埃の研究」と取り組んでいた気象学者「フォンセリー先生」こと、エドゥアルド・フォンセーレ教授（一八七〇―一九七〇）の許で、「基線四百米を有する一対の雲写真機で既に三千枚からの立体写真」を見せられ、「多大ノ参考」になったという。それらの撮影に用いられた写真機は、正直の使っていたドイツ製と違うイタリア製の立方体形状のものであった、「水平垂直の方盤のある事は同様ですが、雲点の仰角や□方位角を求めるには経緯上に求めたXY線から雲点迄の距離を測つて計算するやうになつてゐまして、之を測るのに細かい方眼紙を用ひて測定されるとの事でした」。この「方眼紙を用ひて測定」の部分が、後々、山雲の空間的な位置を計測する技術の開発において、正直にヒントを与えることになる。

ベルギー王立気象学研究所では、ジュール・ジョーモット博士（一八八七―一九四〇）から応接を受けた。一九一九（大正八）年から研究所の所長職にあった博士は航空工学の専門家であり、雲の立体写真についての案内役を買って出てくれた。バルセロナで見せられた写真は地上から撮影したものであったが、ブリュッセルで見た数千枚の写真は飛行機の上から撮影されたものであった。「此立体写真は一対数枚を同時に撮影するのではなく飛行機が或距離進んだ時其二の数枚を撮影する方法によるのですが僅かの時間差なれば飛行機の速度に対して少し遠方の雲なら変化はあまり無いものと考へられる程度ですから立体として見るに差支へ無い様です。第一の写真と第二の写真との間の飛行距離は百米から四百米程度が適当なのださうです」。御殿場で観測櫓を本館から五百メートル離れた場所に設けていた正直は、立体写真についてのジョーモット博士の話を聞いて、我が意を得たりと感じたに相違ない。

正直は欧州の気象学資料を自らの眼で確認し、二つのことを学んでいる。雲の発生学研究において立体写真を通じた観察が有力な方法論であるということ、はるか彼方に見える雲の立体写真を獲得するには、最低でも百メートル、できるなら四百メートル程度離れた地点から撮影する必要があり、仮にいくらかの時間差が生じてもそれほど大きな問題は生じないということである。

右のような考えは、地上の建物や大地の起伏にも適用できる。たとえば、飛行機を高度四百メートルほどの高さまで揚げ、狙い定めた目標を空撮する。飛行中に撮った連続写真をステレオ写真化すると、地表の状態を立体的に解析できる。第二次世界大戦が勃発すると、軍事専門家はその方法を戦略立案に役立てようとした。正直は同じ技術知を山雲の「立体視」に生かし、雲の生成過程を明らかにしたいと考えたのであった。

■記録を残す

正直は生涯を通じて膨大な気象観測記録を残した。「雲観測記録カード」「Cloud Photograph」「観測記録日記」「観測記録帳」「撮影記録帳」「撮影記録一覧帳」「雲撮影及気象野帳」「写真観測野帖」がその主なものである。たしかに、表題や形式こそ様々ではあるが、いずれもデータの確度は高い。

そうした、言うならば科学的データとは別に、日々の暮らしぶりを書きとめた「日録」の類もある。それらに記された私的な覚え書きもまた、観測データ取得のさいの経緯や方法を実証する上で、有意なものとみることができる。数値情報は、極論するなら「羅列された数字」にすぎない。しかし、データを人間的な意味で肉付けしてくれるのは、「日録」であり、先述の『遺稿集』なのである。

「雲観測記録カード」から見てゆこう。サイズは縦十八センチ、横十二セン

NO. 118	CLOUD PHOTO	YEAR 25 73. MONTH Jan.

PLATE NO. 32f	DATE 26 TIME 2h06	Film NO. 118 b (2.06)

P.

& TR
14h ESE 9.9

32f

山頂
NNW

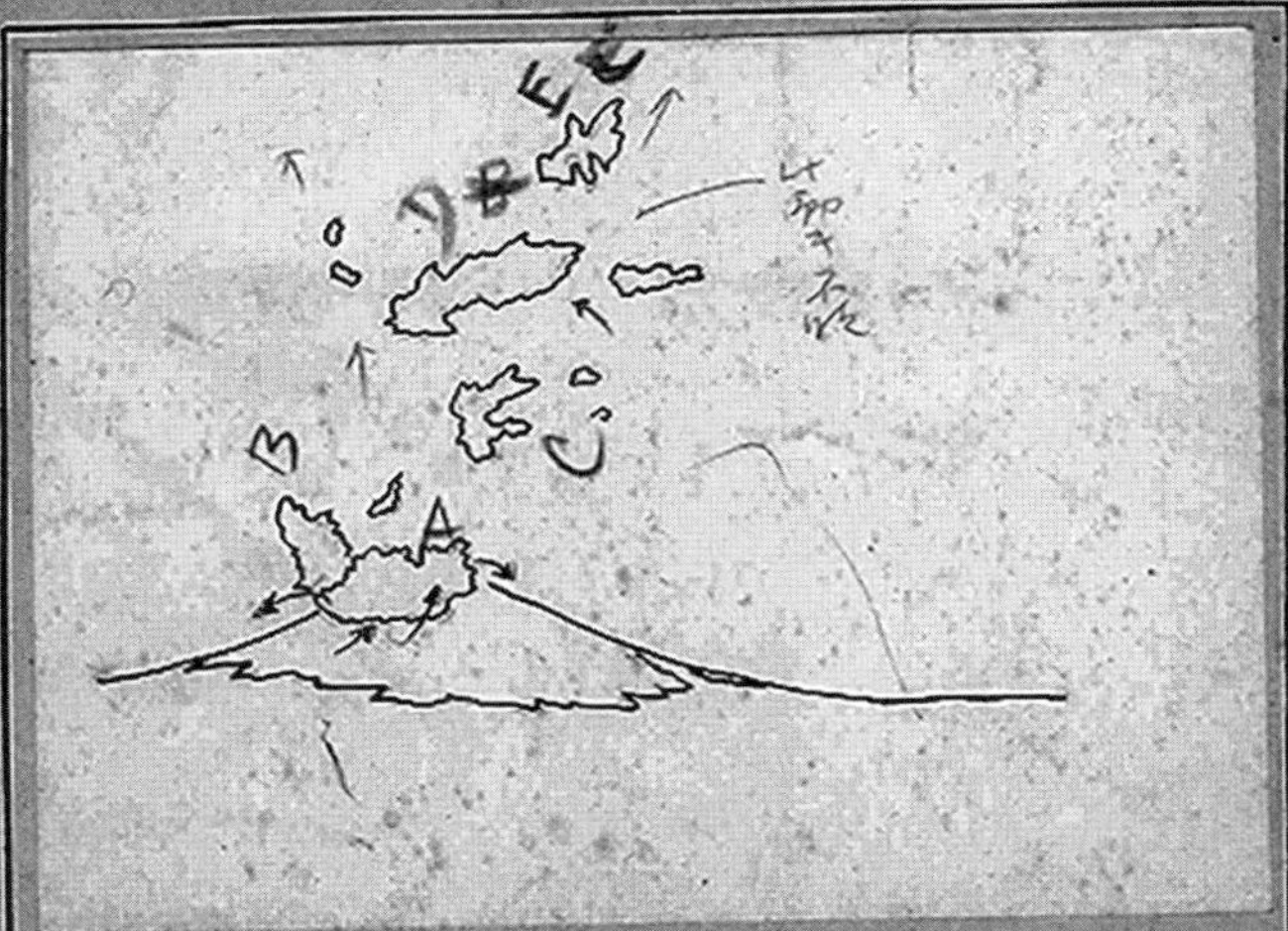

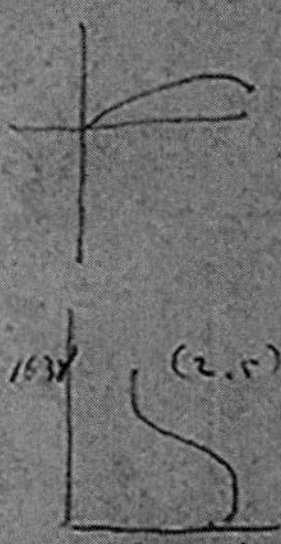

Weather Conditions					Camera direction		Photo. Exposure		
Pressure.	Temperature.	Humidity.	Wind Direction.	Wind Velocity.	V.	H.	F/.	Time	Filter
913.37 (2h40)	2.6 (2h40)	28% (2h40)	SW	2–7	13.	N57°SW	6.3	45	5

Cloud Conditions					Remarks.
Form	Height	Direction	Velocity.	Amount	
				2 (2h40)	

M. ABE

チ。金属リングで留められた紙カードという体裁のものである。記載期間は一九二五（大正一四）年四月七日から一九二七（昭和二）年四月一五日まで、ほぼ二年間に亘る。「阿部雲気流研究所」の所在地が「東京」となっていることから、正直の残した観測記録のなかで最も時期を遡るものになる。観測記録のためのカードやノートには、「阿部」ないし「阿部雲気流研究所」の名前の印刷されたもの、すなわち特注品が多い。時期的にみると、航空研で寺田、寺澤らとの面会が実現する以前から、すでにその種のものが準備されていたことになる。

「**Cloud Photograph**」と印字された観測記録シートもある。西暦年から皇紀年に切り替わると、「**Cloud Photo**」と略記されるようになる。縦二十六・五センチ、横三十八・五センチのアート紙製特注シートで、各種の観測データが紙上に統合されている［図三〇］。

「**Cloud Photograph**」の古い方では、すでに紹介済みの、一九二八（昭和三）年一〇月六日午後三時頃に記されたものがある。本格的な観測態勢を整えるに

図版三〇｜「Cloud Photo No.118」、ゼラチン・シルバー・オリジナル・プリントと素描、台紙に貼り込み、一九三三年一月二六日午後二時六分（阿部正直撮影）。

あたって、そうしたものの事前準備に予算を惜しみなくつぎ込んでいたようである。初期のものには立体写真も添付されている。一九三二（昭和七）年七月二二日から一九四一（昭和一六）年一月二六日まで、都合十年間に亘る記録を確認できる。

これらの観測記録シートには、それぞれ対応するキャビネ判ガラス乾板と、それらに個々に対応するコンタクト・プリントが存在する。「Plate No.1」とされるものは、一九二八（昭和三）年一〇月六日のシートに対応しており、最後のものは一九四一年一月二六日すなわち、正直が中央気象台の勤務に就いた直後で終わっている。それらを調査した東京大学総合研究博物館研究員の白石愛氏によると、総数で千六百七十五枚に上り、未整理のキャビネ判写真五百二十点、手札判写真七百二十点、ステレオ写真百三十点を加えると、全体として三千点に及ぶという。また、撮影状況の記録として、「阿部特製ノート」を使った「撮影記録ノート」全六冊も遺産のなかに残されている。

「観測記録日記」は、縦三十二・三センチ、横二十・七センチの帳面で、一九三二（昭和七）年七月一日から一〇月二八日に亘る。記載の始まりは第二回「国際極年」の開始と一致する。「国際極年」は、極地の気象、オーロラ、地磁気といったものの観測を、国際協働体制下で、向こう一年間に亘って進めようという諸国間の取り決めであった。気象学にとって意義深いものとなるはずの画期年を迎えるにあたっての決意が、元旦の日記に綴られている、「一、研究ニ対スル大方針ヲ確立シ、本年八月ヨリ実行サレシ国際気象学研究ノ一部員トシテ之ニ参加シテ其実ヲ挙ゲルト共ニ今後ノ研究地盤ヲ築カン」。

「国際極年」を迎えるにあたって、国内では中央気象台の第四代台長岡田武松（一八七四―一九五六）が呼びかけ人となり、全国で観測態勢の整備が進められた。七月一日には富士山頂に「極地観測」のための測候所が開設され、そのおかげで通年観測がおこなえるようになった。これは国際協働事業の成果のひとつである。富士山の測候所開設が刺激となったのか、御殿場でも定期観測がおこなわれるようになった。それを契機として始められたのが「観測記録日記」だったのである。

正直は年頭の決意に違わず、早々と研究所の再整備に取りかかっている。まずなすべきは研究体制の見直しであった。それまで高須勉助手との二人態勢で観測を進めてきたが、通年で定期観測をおこなうには人手が足りない。そこで、新たに久保青鳥（生没年未詳）を雇用し、三人態勢で観測に臨むこととした［図三二下］。所長の正直は、それまでひと月に十日ほどを御殿場で過ごし、残りを本郷西片町の本邸で過ごすのが常態になっていた。しかし、七月の「国際極年」の始まりとともに、御殿場での観測日は十八日前後にまで延びることになった。通年で定期観測をおこなう。その目標を掲げて、観測業務は朝の八時から夕方六時まで毎日なされるようになった。

人員が確保できたら、次は観測装置ほかの施設設備の充実が課題となる。立体撮影のための連絡装置として待望されていた電話機も、中央気象台の支援を得て電線の設置が実現し、使えるようになった。そのおかげで、二地点を結ぶ立体映像撮影のさい、信号板伝達に代わって電話連絡が用いられるようになった。撮影機材としては、ステレオ撮影のため、キャビネ判木製箱型カメラ、三十五ミリ・シネカメラ「セプト」、ドイツのブラウンシュヴァイクの測地学者カール・コッペ（一八四四―一九一〇）の考案した「写真経緯儀」が、本館と観測櫓にそれぞれ一台ずつ設置された［図三一］［図三二右上］。そのうち最後の機器の導入はとくに意味が大きかった。雲の静止画像と位置情報を、両方同時に獲得できるようになったからである。

後段で触れるが、「地形日照儀《トポヘリオメーター》」のように、正直が「太陽儀《ヘリオメーター》」にヒントを得て作った観測機器もあった。これまた正直自身が発明工夫に寄与したものであるが、気温、湿度、気圧、日照、雨量など、各種データを自動的かつ連続的にロールペーパーに記録することのできる「自記機」を導入したことで連続的に観測がおこなえるようになった。定期観測の実施は大きな前進であった。官営

の中央気象台より、正直の私設研究所の方が、観測機器ははるかに充実していたはずである。そのように言うヘルムート・フェルター氏の見方は間違っていない。

この年は七月二二日が写真撮影の初日となった。記録として残されている「**Cloud Photo**」には、シート番号「**No.1**」とあり、「皇紀二五九二（昭和七）年」とある。その日をもって新システムへの切り替えがなされたことがわかる。八時の湿度は八十五パーセント、八時九分の気温は二十三・九度、風は北北東〇・五メートルとある。画像データは八時二〇分から始まっている。

翌二三日には気象観測気球が揚げられた。一九三〇（昭和五）年秋にドイツのリンデンホークで「気象探測気球」を実見した正直は、帰国後、すぐに東京府下大崎の駅前にあった株式会社「気球製作所」を訪ねている。同社は「風船狂」の異名をとった山田猪三郎（一八六四―一九一三）が一八九四（明治二七）年三月に興した気球、飛行船の製作所で、陸海軍、逓信省、気象台などへの納入実

図版三一――カール・コッペ開発「写真経緯儀」、キャビネ判ガラス乾板、一九三二年（阿部正直撮影）（モダン・コンタクト・プリント、二〇一七年）。

績を誇っていた。正直は「測風気球ノ浮力・上昇速度ニ就テ」「測風気球ノ浮力ニ就テ」など、一九三〇／三一（昭和五／六）年発行の製品に関する説明書を得て、重さ二十グラム、直径百五十センチ前後の水素気球の購入を決めた。製作所のカタログによると、規格品の二十グラム気球は売価七百円となっている。正直は二人の助手の手を借りて、一分間に百五十メートルの速度で気球を揚げ、その様子を「写真経緯儀」で追跡観測した。リンデンホークで見たものを、今度は自らの手で揚げてみせたのであった［図三二左上］。

正直の決断によって、東京から離れた富士山の裾野が、雲研究のフィールドになった。一九三二（昭和七）年八月九日から一五日まで、正直は富士登山をおこなっている。残された「昭和七年八月十日登拝記念ハガキ」は、そのときの

図版三二（右上）露台に設置されたカール・コッペ開発「写真経緯儀」、キャビネ判ガラス乾板、一九三二年（阿部正直撮影）（モダン・コンタクト・プリント、二〇一七年）／（左上）「気象観測気球」、御殿場、阿部雲気流研究所、キャビネ判ガラス乾板、一九三二年七月二三日（阿部正直撮影）（モダン・コンタクト・プリント、二〇一七年）／（下）「二人の助手」、御殿場、阿部雲気流研究所、キャビネ判ガラス乾板、一九二八年（阿部正直撮影）（モダン・コンタクト・プリント、二〇一七年）。

ものである。記録を見る限り、正直にとっては生まれて初めての富士登山だったようである。山頂に新設された測候所を見学するためだったのかもしれない。もちろん、富士山だけでなく、日本アルプスほか、国内各地の山岳も登攀しており、その都度、雲を狙った記録写真が蓄積されていった。自ら撮影した写真だけでなく、購入ないし恵贈などの方法で入手したプリントも少なくなかった。岡田紅陽（一八九五―一九七二）、山田應水（一八八〇―一九六四）ら、職業写真家のオリジナル・プリントのコレクションも集まるようになった［図三三］。なお、二人の『国立公園写真集』が国立公園協会から出版されるのは一九三六（昭和一一）年のことである。

木造二階建ての観測所が手狭になった。それを痛感するようになった正直は、私財を投じて本格的な施設を建てることを決意する。建設地に選ばれたのは、御殿場在富士岡村沼田大沢原の五千坪ほどの土地である。そこは標高にして四百メートル超の高台であった。北北東二万五百メートル先には日本一の高さを

図版三三―「白馬」、ゼラチン・シルバー・オリジナル・プリント、年代未詳（撮影者未詳）。

誇る富士山を一望することができた。それだけでなく、駿河湾、丹沢山、箱根外輪山が視界に入る、まさに気象観測には絶好の場所であった。

建物の建設計画は一九三四（昭和九）年初頭に動き出した。建設予定地は地目が「山林」とされる土地であった。そのため、電力供給もままならず、送電線の敷設から始めなくてはならなかった。当然、水道管も引く必要があった。できるなら電話線も引き込みたい。そうした諸々のインフラ整備が急務であった。当然のことながら、地権者との交渉が最初の一歩となる。広大な用地を必要としたため、交渉は複雑なものとなった。とはいえ、正直は恵まれていた。周辺の山林の大部分は皇室の所有になる「御料地」であった。華族ならではの特権を行使できたのである。

正直の日記を調査した白石愛氏によると、建物の建設予定地に縄が張られたのは、一九三四年一月二六日のことであったという。建設工事を請け負ったのは、一九二一（大正一〇）年創立の「白鳳社建築工務店」であった。現場の名称は「阿部家観測所」とされた。四月二〇日付の五千百九十三円六十銭の見積書が残されている。

観測所の建物は、延べ床面積が五十四坪ほどの地下一階木造二階建てであった［図三四上］。二階の屋上には観測用の露台も附設された。正直は建物の工事費から諸雑費まで、造営にかかった費用を「七月」の日付で細かくメモに残している。建物の建設費は坪単価百円ほどになった。設計費等を含め、工事費の総額が一万五百円とあり、それは阿部家の「予備資産」から支出された。思えば、一九二四（大正一三）年にコンクリート造の本邸を建てたさいの工事費は三十万円であった。コンクリート造に較べ廉価な木造だったということを差し引いても、質実な建築であったと言うべきかもしれない。

七月二九日には、午前一〇時半から、神酒、米、塩、スルメ、瓜を祀り、浅間神社の神主の司祭による「観測所地鎮祭」がおこなわれた。謝礼二円、車代一円、と正直は細かくメモしている。九月二〇日には、観測所の「上棟式」と

附属家屋の「地鎮祭」が同時に挙行されたとの記録もある。

建設計画が持ち上がってからおよそ一年で、「富士山における高層気流並に雲の運動状態について研究する」ための、海抜四百三十八メートルの「御殿場研究所」が立ち上がったことになる。とはいえ、すぐに寝泊まりができようはずもなかった。翌年二月二六日の日記には、「午後四時東京発御殿場研究所に行く、此度新研究所に移転の為である。当夜は旧研究所に泊る」とある。翌二七日には「午前中より新研究所に移転を始む。……当夜は新研究所に泊り第一夜を送る」と記され、その後、家具、備品、観測機器の設置を終えて、三月八日に帰京したとある。

新研究所の母屋の竣工にともない、東北の方角へ五百メートルほど離れた高台には、撮影用の大櫓「立体写真撮影所」が設けられた［図三五左上］。搬入さ

図版三四―（上）「阿部雲気流研究所」（白鳳社建築工務店施工）、御殿場、キャビネ判ガラス乾板、一九三五年（阿部正直撮影）（モダン・コンタクト・プリント、二〇一七年）／（下）「研究所二階の観測室より富士を望む」、キャビネ判ガラス乾板、一九三六年頃（阿部正直撮影）（モダン・コンタクト・プリント、二〇一七年）。

れた資材は、撮影、観測、記録、分析のための各種機器で、それらのうちの多くは、欧米から輸入された最新機種であった。もちろん、国産既製品に改良改変がなされたもの、あるいは正直が自ら考案し自作したものもあった［図三六］。帝大の実験物理学教室で優秀な成績を残した正直である。その経歴からわかる通り、機械製造であれ金属加工であれ、もの造りを苦にすることはなかった。遺稿のなかで「自製」の言葉がしばしば登場するのも、そのためである。

正直の山雲研究は、日時、気温、湿度、気圧、雨量、日照、風力、風向、風速など、気象学研究の求める基本データの取得という点で、今日のわれわれの眼から見て、申し分ないものであった。それればかりではない。寺田寅彦の勧めに従い、雲の形状を三次元的に把握し解析することへ傾注した点が、その研究をいっそう独創的なものとしていた。『遺稿集（草稿）』には次のように書かれている、「雲形変化の有様や発生消失の状態を連続的に表はすためには映画の駒落し撮影法に依る連続写真や図録を用ひて雲形変化を説明し其雲形と気象との関係を述べ更に立体写真や立体活動写真を用ひて撮影した雲形も必要に応じて適宜選択し富士山以外の写真も参考に出来るものは出来得る限り多く載録掲載したい」。

木造二階建ての新研究所と、そこから五百メートルほど離れた観測櫓の二地点から、同じ雲を、同じ時刻に、異なる角度から静止画と動画で撮影し、気圧、風向、天候などの気象学的データと、それらのステレオ画像を統合しつつ、解析する。そうすることで、雲の距離、高度、角度を算出し、速度の変化を割り出す、それが正直の考える方法論であった。

その企てが現実のものになると、どのような果実を摘み取れるのか。正直の考えはこうである。富士の雲形と動態を「立体視」像として記録する。と同時に、風速、風向、密度、気温、気圧などの気象学的データも採取する。両方のデータが蓄積されてくると、雲の形状や高度から、風向、風速など気象状況の判定が可能になり、天気予報の材料となる。うまくすれば、御殿場の雲の動き

によって、翌日の関東地方の天候を予測することができるようになる。その見通しはまさに正鵠を射たものであった。

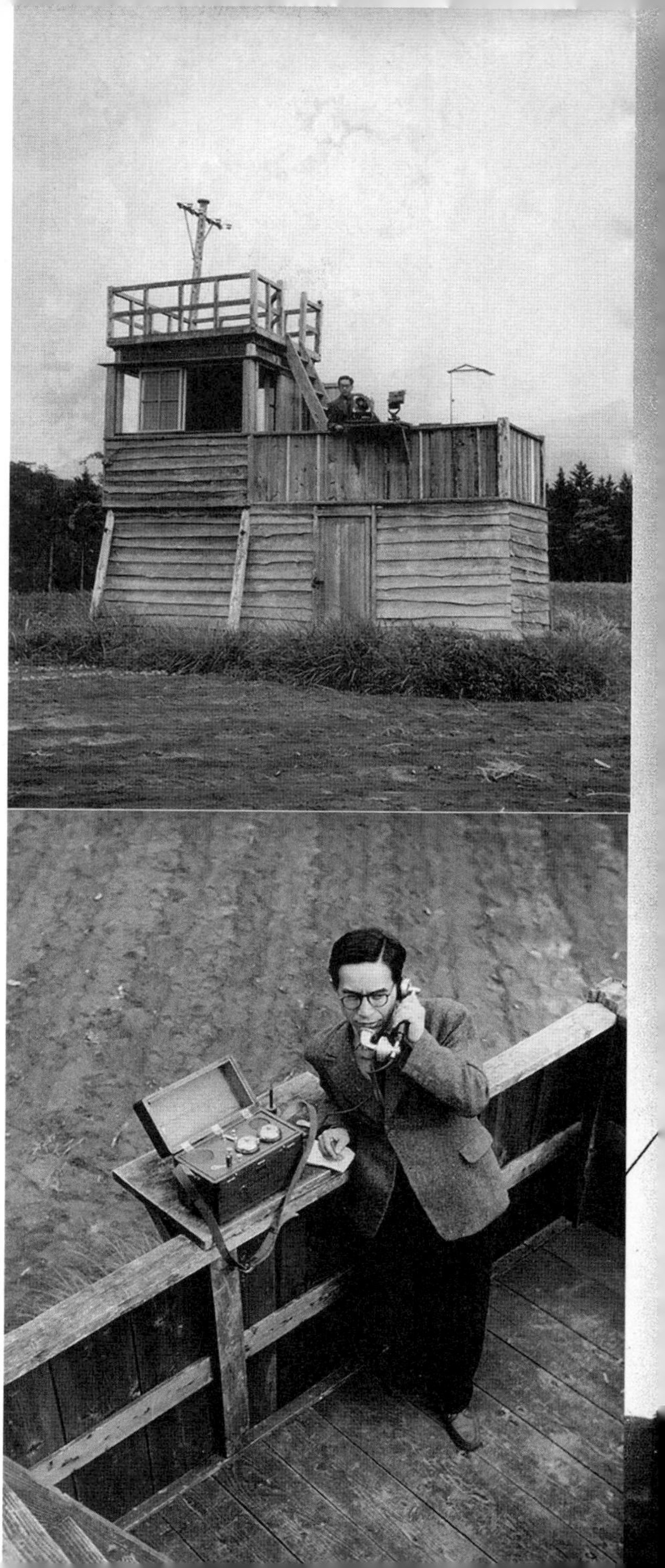

図版三五―（右）「信号板」、一九二九年（阿部正直撮影）／（左上）「立体写真撮影所」通称「撮影櫓」／（左下）同上、キャビネ判ガラス乾板、一九三五年（阿部正直撮影）（モダン・コンタクト・プリント、二〇一七年）。

新研究所の竣工とともに、正直は御殿場へ赴き、高須勉と久保青鳥の助手二名とともに観測を開始した。当初は自家発電機を回しながら、ひと月に十日ばかりを人里離れたフィールドで過ごしてきたが、今では十八日前後を新研究所の観測室で過ごすようになっていた。

一九三六（昭和一一）年頃に、正直自身が撮影したとおぼしきガラス乾板が残されている［図三四下］。なかの一枚、「研究所二階の観測室より富士を望む」を見ると、富士山を遠望する大窓の手前に、大型写真機、三十五ミリ・シネカメラ「セプト」、三脚などが写り込んでいる。机上には電話機や時計も置かれている。それらは五百メートル離れた場所にある観測櫓との連絡に使われていた。

二地点の同時並行撮影には、舶来のキャビネ判木製スチールカメラと三十五ミリ・シネカメラが併用された。前者は「ステレオ写真」すなわち「立体視」用静止画像を、後者は「ステレオ活動写真」すなわち「立体視」用動画像をそれぞれもたらした。

図版三六｜阿部正直考案、「降水計」、一九三〇年代。

研究所に正直が不在のときは、助手二名が交替で観測記録にあたった。研究体制が整ったことで、正直は富士の山雲の発生過程と気流の発生動態の関係解明に没頭できた。

当時の記録を見ると、正直は四気筒のドイツ車「オペル」を駆って御殿場入りしていたようである。大雨に遭うと突然エンジンがストップするのが欠点であったと正直は回想している。研究機器類は西片町の本邸からトラックで運ばれた。家族や家職は、東京駅から汽車を使って御殿場詣をおこなった。

御殿場の研究所はすべてが阿部正直という一個人の努力によってうち立てられたものであったが、実際のところ、スイスのそれに次ぐ世界で二番目の雲気流研究所であった。マスコミからは、「殿様芸」「お殿様理学士」「頗る珍奇な研究者」「もの好きな人」などと盛んに揶揄されたが、正直は意に介さなかった。「何分慰み半分の道楽的研究ですから新聞などに大げさに書かぬ様願います」と新聞記者に語っている。正直は社会のために役立ちたいという熱い思いを胸中に秘めながらも、自らの生き方について、そうした答え方を習いとする人間であった。

一九三七（昭和一二）年、著書『富士山周辺の雲の配置と動き』を中央気象台から欧文報告として出版したときのことである。正直の研究結果を専門家たちが注視していると書く新聞があった。一九二六（大正一五）年に寺田寅彦の後任として帝大地震研究所の所長となり、気象学の第一人者と目されていた帝大理科大学教授藤原咲平は、正直の研究所が開設されてから一年ほどして、次のような趣旨の発言をしている。「立体写真《ステレオスコープ》」による撮影研究は海外でも試みられ、「活動写真《ムービー》」に撮ることも何人かの研究者がすでにおこなっている。しかし、両者を組み合わせた研究は、寡聞にして知らない。阿部正直の研究のおかげで、雲の変形過程が立体的に把握できるようになり、雲を生む気象条件がどのようなものか、実証的に解明できるようになった。従来の研究では単に雲のかたちから生成過程を想像するしか手がなかったが、確実に測定し、事実を究明した上での説明は、阿部正直のものが初めてであり、世界的にみても意義深い。

続けて藤原は具体例を挙げている。これまで富士山に「風雲」が起こると、山を越える気流の作用で、いわゆる立波が生じ、その波頭にあたるところに雲ができると説明されてきた。富士の「笠雲」がその一例である。ほかにも尾を曳いたり、足を出して駆けるような格好に見える「風雲」がある。阿部正直の研究によって、それらは渦巻きによって起こり、その巻き上がる部分に起こる雲であることが明らかになった。渦巻きから雲が起こるのではないかという説は、海外でも唱えられている。しかし、それを実証した者はいなかった。阿部正直は富士山の模型を作り、それに気流が衝突したとき、どのような流れになるか、その模様を写真に撮って、実際に起こる雲のかたちを実験室で証明してみせた、というのである。

■視像を創る

幼少期に「カツドウ」の洗礼を受けた正直は、動くものを「視る」こと、あるいは「見せる」ことに対して、執着と言ってもよいほど、強い関心を寄せていた［図三七上］。

静止画を動く像として提示してみせる。そのための最もプリミティブな道具のひとつを、正直は少年時代に自作していた。幅三十センチ、縦十センチの基盤の上に、ガラス、金属、糸を使って造った円盤を載せ、その中心を軸に円盤を廻転させると、軌跡残像、色彩干渉など、オプティカル効果で見え方が様々に変わる玩具がそれである［図三七左下］。ほかにもイリュージョンを生じさせる視覚装置は、正直の遺産のなかにいくつも残されている［図三七右下］。おそらくは購入品も含まれているのであろうが、どれもよくできていて、そうと判別するのは難しい。

正直の関心は、玩具に始まり、やがて本格的な「モーション・ピクチャー」に移行していった。当時、動く映像を掌中にもつことのできる道具としてあったのが「キノラスコープ」である。それはリュミエール兄弟の開発した「シネマトグラフ」に着想を得て、英国キノラ社が一九一〇年代に開発したものであった。中軸の端部が取手状になっており、そこを片手で支え持ちながら、もう片方の手でL字クランクの抓みを廻す。すると写真の貼り込んである厚手の印画紙が連続的に廻転し、写像が動いて見える。単純な仕掛けではあるが、実際にやってみると、遊び心が揺さぶられる。

正直の生まれ育った家庭は桁違いの資産に恵まれていた。そのため英国製「キノラスコープ」を購入するなど造作もないことであった。入手した英国製品には、世紀末のパリで一世を風靡した踊り子ロイ・フラーのそれを思わせる廻転ダンスの画像が付いていた。

正直は、自ら「活動写真台」と呼ぶものを二台入手し、そのうちの一台に

図版三七―(上)仏国製「視覚玩具」、ガラス絵、木に真鍮、年代未詳/(右下)阿部正直自製「視覚玩具」、木に真鍮、年代未詳/(左下)阿部正直自製「視覚玩具」、ガラス絵、木に真鍮、糸、年代未詳。

實用新案出願中
活動寫眞臺

加工を施した。たしかに、英国製の装置でも、静止画像を、あたかもそれが動いているかのように見せることはできる。しかし、雲の動きへ応用するには、像のサイズが小さ過ぎる。そこで一九二三（大正一二）年創業の機械器具専門店「丸越」に頼み、視野の四角い拡大眼鏡を製作させ、自製の刷子シネマ用カメラでコマ撮りした画像の「キノラスコープ」用リールを、大きな画像で見られるよう工夫を施した［図三八］。こうして雲研究への、「モーション・ピクチャー」応用の第一歩を踏み出したのである。

「モーション・ピクチャー」とともに、関心を寄せたのがステレオ写真であった。映像メディアとして同じ範疇に属するということなのであろうが、ガラス乾板でも、鶏卵紙でも、ステレオ写真であれば、何でもよかった。もっとも、それは正直に限った話でなかった。また、ステレオ写真だからという話でもなかった。「視像」を生み出す新しい装置に対して、それが何であれ関心をもつ者が、市中に増えてきていたのである。

図版三八｜英国キノラ社製「キノラスコープ」を改変した丸越社製「活動写真台」、一九二〇年代。

「視像」への関心の高まりは、明治一〇年代に顕在化してきた。「幻燈」「幻燈映画」といったものが盛んになり、アマチュア向けの説明書やカタログ、定期刊行物といったものが陸続と誕生し出した。手描き、ないし手彩色のガラス種板を投影してみせる幻燈機が、ステレオ写真器とともに、市井の見せ物や教育の現場で急速に広がりつつあった。先に紹介した寺田寅彦も、幼くしてその流行のなかに身を置いていたのである。

明治末期になると、そこに「カツドウ」が加わった。各地で無声映画の上映がなされるようになり、「刷子シネマ」と呼ばれる「キノラスコープ」日本版の流行、さらに比較的廉価なカメラやシネカメラが登場したことで、アマチュア写真も流行し始めた。「幻燈」「ステレオ写真」「カツドウ」といったものの洗礼を受けた世代を中心に、「視覚の時代」の到来を歓迎しようとする風潮ができ上がりつつあったのである。正直が写真に関心を寄せるに至った背景には、そうした時代潮流があった。

一九二三（大正一二）年の海外旅行の途次でも、何か役に立ちそうなものなら、片端から購入していた正直であった。遺産のなかにフランスの映画会社ゴーモンが一九〇〇（明治三三）年のパリ万国博覧会に合わせて開発した「ステレオドローム」がある。二十世紀初頭には、「立体視」のできる視像再生装置として、最も優れているとされていたものである。正直の「ステレオドローム」は、高価な材を使った本格的な機種で、当時の最高級品のひとつであった［図三九］。

この機種にはゴーモン社の商標の刻まれたエボナイト製特製カセットにガラス製ステレオ写真を十二枚装填できる。右側面のハンドルを廻転させると、ガラス種板が自動的に送り出され、ステレオ写真を「立体視」できた。ガラス種板を透過する光の量は、天板と後方パネルの開閉で調節するようになっており、眼鏡の部分で眼の間隔とピントを調節することもできた。木箱の本体は上下に分離できる。後方のパネルを外し、別売りのフィルム投影装置を装着すると、短尺のシネマまで見ることができた。

Société des Établissements
Gaumont
PARIS

なお、正直所有の「ステレオドローム」には、一九二五（大正一四）年一二月の製品番号が付されている。したがって、輸入代理店を通して購入したか、さもなければ一九三〇（昭和五）年の二度目の海外旅行のさい、現地で買い求めたかのいずれかであろう。

ステレオ写真の試みは、正直の場合、一九二三（大正一二）年五月一六日のシンガポール沖合の竜巻の撮影から始まった。たしかに、竜巻も、山雲も、遠くにあると動いているようには見えない。しかし、ひとたび、そうしたもののステレオ写真を作ろうとすると、遠くにある、という事実から生じる難しさがある。双眼のステレオ写真機は、湿板写真の時代からすでに既製品としてあった。正直の時代には、コダック社が一九〇五（明治三八）年に売り出したブローニー判の「折り畳み式ステレオカメラ」も存在していた［図一五下］。しかし、市販のものは、視差が小さく、近くにあるモノにしか使えなかった。遠くにあるモノを「立体視」させるには、被写体を頂角とする二等辺三角形の底辺幅を広く

図版三九｜仏国ゴーモン社製「ステレオドローム」、一九二五年。

とらなくてはならない。御殿場の高台から富士のステレオ写真を撮ろうとするなら、底辺に五百メートルほどの幅が必要となる、それが正直の辿り着いた結論であった。

一九四二（昭和一七）年一一月から一二月にかけ、正直は若い頃から取り組んできたステレオ写真と、いま一度向かい合っている。ステレオ写真を獲得するのに必要となる、異なる二地点からの撮影をあれこれ試してみていたのである。探求の仕方は実にシステマティックなものであった。異なる二地点を、徒歩、汽車、汽船など異なる手段で移動しながら、ステレオ写真の撮影をおこない、その記録を残しているからである。

被写体が動かないモノの場合には、「移動距離」の多寡を計ればそれで済む。しかし、雲のように刻一刻と姿を変えるようなモノの場合にはそうもゆかない。移動するあいだに経過する時間もまた考慮しなくてはならないからである。無限遠の彼方にある山雲を被写体とするステレオ写真を実現するさい、「移動距離」と「移動時間」の理想的な相関はいかにあるべきか、正直はそれを探求していたのであった。

これはあくまでも推測にすぎないが、この時期に正直が改めて「ステレオ写真」の方法的研究をおこなった背景に、「時局」の求めはなかったのだろうか。実際、第二次世界大戦が始まると、連合軍は空爆の目標を定めるため、偵察機が持ち帰った空撮写真をステレオ化し、対象物の三次元的な把握をおこなっていた。ノルマンディ上陸作戦の上陸地点を決定するにあたって空撮ステレオ写真が使われた、という話はよく知られている。

ここで、そうした「時局」のことを持ち出したくなるわけは紛れもない。御殿場の研究施設には本館と観測櫓の二ヵ所に撮影装置が設置されており、「移動」しながらの撮影方法について検討を要する積極的な理由があったようには考え難いからである。正直は自らの研究で特段に必要とされるわけでもない試みをおこなった。「外」からの依頼があったと考えたくなる所以なのである。

思えば、正直の学術的な指導者であった帝大教授藤原咲平は、気象学者としての知識を使って「風船爆弾」の研究に携わった。戦時中、「中央気象台台長」の職にあったこともあり、藤原は公職追放の憂き目に遭った。国家総動員の掛け声が飛び交うなか、学術研究もまた「サイエンス」の裡だけでは成立し得なくなっていたのである。

正直は生涯に膨大な量のステレオ写真を残した。一九五四（昭和二九）年の新聞報道によると、総数にして一万枚にも上っていたという。それらは自身の研究のための資料でもあったが、同時にまた、「阿部雲気流研究所」を訪れる人々に見せるためのものでもあった。

それらのなかに、一般公開用「富士山雲ステレオ写真」セットとされるものがある。縦九センチ、横十七・八センチほどの台紙十七点に、一九三二（昭和七）年八月三〇日一一時三〇分から一九三三（昭和八）年六月二二日六時三三分のあいだに撮影された写真を、コロタイプで印刷複製したものがそれである。

一般啓蒙用にそうした組写真セットを幾種類か用意しようという心積もりだったのであろうが、正直遺産のなかにはステレオ写真用の特製台紙もまた大量に残されていた。これについては後段で触れることにするが、正直の創設したミュージアム「雲気流参考館」に並べられた二十四台のステレオ写真台で使用されるはずのものであった。

「立体視」の挑戦は、写真からムービーへ、発展的に展開していった。仮に雲の動きを離れた二地点で同時並行的に撮影したフィルムが用意できたとしよう。しかし、それだけでは研究材とならない。それらをステレオ映像として見る手段、あるいは見せるための手段がなくてはならないからである。そこで正直は、雲の動きを「立体視」するための投射装置の開発と取り組むことになった。正直にとって雲研究は、動く対象を映像に記録する手段の探求だけで済まなかった。それを視覚的に再現してみせる技術の開発と、不離の関係にあったからである。

幼少期における「カツドウ」との出合い、さらには「活動写真台」を使った「モーション・ピクチャー」の発見は、正直をして映像技術進化史の再踏査へと向かわせることになった。スチール写真、ステレオ写真、パノラマ写真、フィッシュアイ写真、立体スチール写真へと展開し、さらには三十五ミリ・シネフィルムを使ったコマ落とし撮影の実践、動画像のステレオ撮影技術の開発、そして最後に、動画像のステレオ投影再現手法の開発を経て、一九三七（昭和一二）年頃、直視型立体映像再現装置の考案へと辿り着く。

そこへ至るまでの歩みの第一段階では、映像を二つのスクリーンに同時並行的に流し、それをステレオ眼鏡で「立体視」させる映写型装置を試みていた。しかし、映写型の場合には、操作が煩雑になるというだけでなく、映像をスクリーン上にいったん投射せねばならず、画質の低下が避けられない。ばかりか、操作もまた簡単でなかった。そこで改良版として、二台のシネフィルム映写機から同時並行的に送り出される画像を、プリズム反射によって潜望鏡型双眼口から左右の眼に別々に送出する特製装置を考案することになる。

正直の遺品のなかには、独国ミュンヘンのエルテル＝ネルケ社製の三十五ミリ高速度撮影機がある。しかし、実際の「立体視」装置に使われたのは、英国ローヤル社製シネフィルム映写機であった。基本になっているのは、二台の三十五ミリ・シネフィルム映写機である。それらをL字アングルで組み立てた特製の台上に固定し、フィルムを装着し、一台のモーターで二台の映写機を同時に動かす。すると、左右の映写機から映像が同時に流れ出す。同時並行的に流れる対《つい》映像を、プリズムを使って、眼の網膜上で一致させるように見せることで、立体感を生み出す。それを正直は「直視型ステレオ映画研究装置」と命名することになった。

五秒ないし十秒間隔でコマ落とし撮影されたステレオ投影用シネフィルムを標準速度で再生すると、雲の生成過程をハイスピードで目視できる。「直視型ステレオ映画研究装置」を使ってフィルム映像の「立体視」が実現できると、

(82)

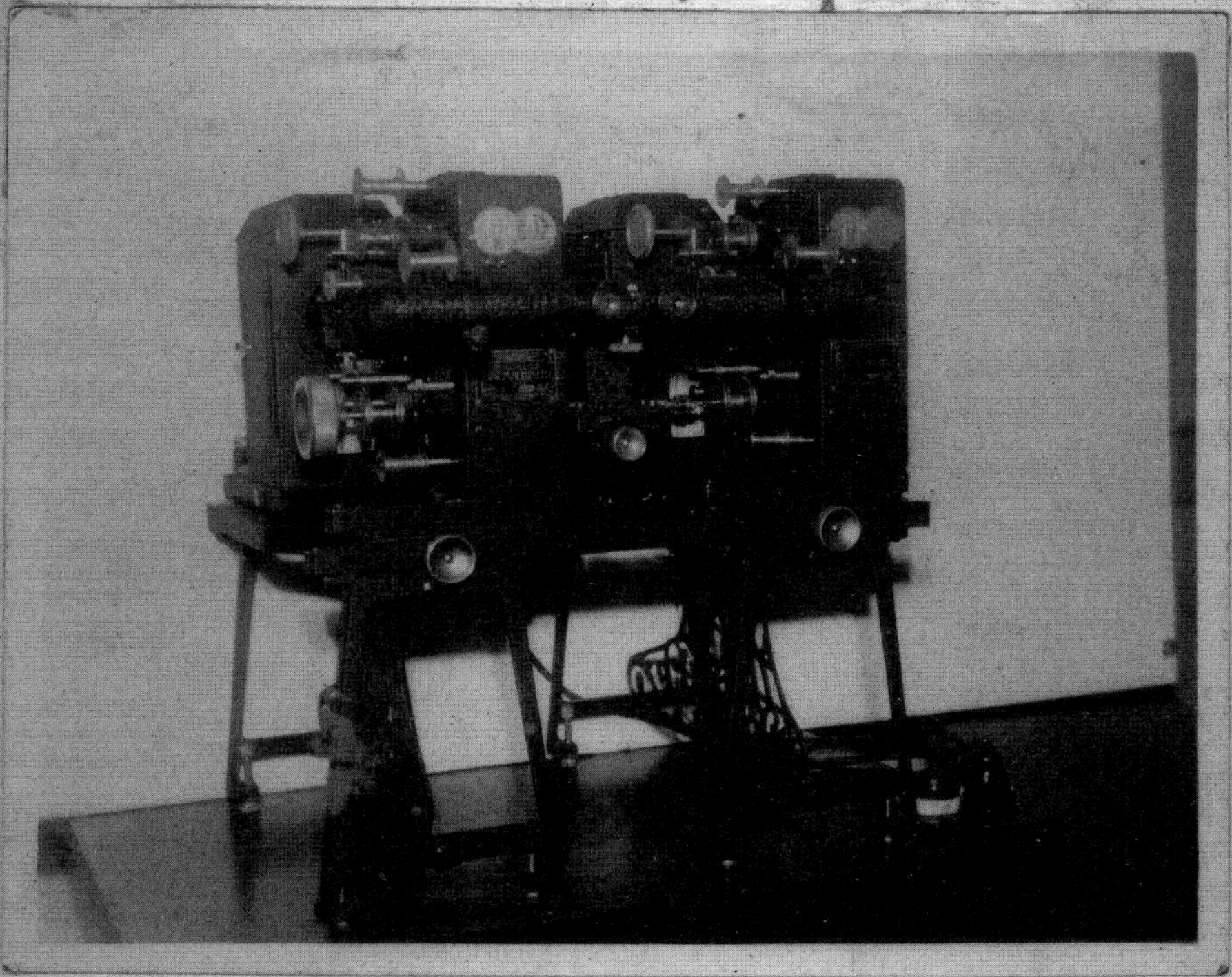

研究用
立体映画
装置

「自然」7 月号
阿部氏 7

(7)

雲の動き、大気の流れを精確に観察することができる。また、それを繰り返し検証することもできる。雲の生成過程を研究する上で大いに役立つのではないか、というわけである。

残念なことに、この独創的な視像再生装置の完成した姿は、一九四四（昭和一九）年の日付のある写真にしか残されていない［図四〇］。組み立てに必要となるパーツは、おそらくすべて遺産のなかに残されていたに違いないが、今では組み立て方法がわからない。ともあれ、正直がそれを完成させたのは一九三四（昭和九）年のことであった。大正末年に寺澤寛一と寺田寅彦から示唆を得た研究装置に、正直は九年かけて辿り着いたのであった。

大判カメラによる静止画の写真撮影に始まる視像研究は、「ステレオスコープ」による立体写真、フィルム撮影機による動画映像記録、コマ落とし映像記録、遠隔する二地点から撮影された立体動画映像記録、さらにはそれらを同時並行的にコントロールできる立体動画撮影装置の開発とその立体動画上映方法

図版四〇――「研究用立体映画装置」、ゼラチン・シルバー・オリジナル・プリント、台紙に貼り込み、一九四四年（阿部正直撮影）。

の考案へ、段階的に発展していった。しかも、その展開プロセスは、イメージの獲得とイメージの活用の相補的な観点から導かれたものであった。

一九二七（昭和二）年七月、正直は気象学の専門誌『気象輯誌』第二輯五巻七号に、雲のコマ落とし映画撮影と立体写真を用いた最初の研究論文「気流の渦に生じた廻り雲の活動写真に依る研究」を発表している。それは山雲についてシネフィルムを用いた独創的な研究として、時代を先駆けるものであった。

正直は研究を始めてから十五年間に亘って雲研究の成果を、『気象輯誌』『天気と気候』などの専門誌上に発表してきた。正直を紹介するのに、「富士山雲の神秘を探る敬虔なる学徒」「天文伯爵」「雲の博士」といった言葉が冠せられるようになったのは、学会誌への寄稿を続けた十五年に亘る学術貢献の故であった。

一九三〇（昭和五）年、時事新報社の主催により、銀座松屋七階を会場に、九日間に亘って『雲の展覧会』が開催されている。雲の種類と名称を示す写真、統計的なデータ、錦絵、絵画をとり揃えた展覧会で、中央気象台の測雲報告と併せて、研究所における三年間余りの研究成果が公開された。国内初という惹句が奏功し、連日、早朝から多くの人々が会場を訪れたという。

正直は「立体写真《ステレオ》」と「活動写真《ムービー》」を併用した研究の成果をそこで発表している。これにより「風神の走るが如き雲も、実は富士の地形に基く渦動気流に伴ふ廻り雲で有る事が説明され、障碍物の為に起る大気波及大気渦、是に伴ふ笠雲、吊し雲、蝶々雲、山旗雲等の正体を突き留め、斯くして山雲の或は消え、或は生じ、渦をなし波を揚げ千変万化する裡にも、自ら規律あり法則ありて、大自然の決して等閑ならぬ事を示した」。これは「世界初」のことであり、近年の雲研究における「傑作」である、と展覧会評のなかで帝大教授藤原咲平は高い評価を与えている。「一見高積雲の高さ四千米程度に見える雲が実測に依り、九千米に及ぶものを見出し、是も学術上極めて興味ある問題となつた」とも言い添えている。

■観測を行う

正直の学術的な貢献は、山雲に関する定量的な数値データの集積にとどまるものでなかった。それらに加えて、写真と映像のデータ、とりわけ「立体視」データを残したことにもあったからである。計測されたデータを厳密科学的な意味で有意なものとするため、正直の払った努力には並々ならぬものがあった。海外から最新鋭の撮影機器や観測装置を入手し、それらに独自の改良を加えたり、自ら考案したりしていたからである。

実際、正直は観測器具や実験装置を次々と考案する稀代の発明家であった。可照時間の測定をおこなう「地形日照儀《トポヘリオメーター》」も、そのひとつであった。日々の日照時間は、雲量だけでなく、地形や地物の影響を受ける。平野における日照時間と山間におけるそれが異なった値を示すのはそのためである。既存の「ジョルダン式日照計」のデータは、地形・地物による影響を考慮していないため、実測値と誤差を生じる。正直の「地形日照儀《トポヘリオメーター》」は、天体望遠鏡と同様の原理に基づくもので、移動する太陽に合わせて望遠鏡を動かすことで、既存の日照計の欠点を埋め合わせようとする。それは現代の「廻転式日照計」を先駆けるものであった。正直が考案した日照計の原理と機構は、日本語論文だけでなくフランス語でも発表されており、それが正直の唯一の仏語論文となった。

観測データを自動的に記録する「風信器用自記ペン」の改良も正直の功績である。従来の自記ペンはインキの着きが悪いという欠点をもっていたが、正直は小車を利用する方法を一九三七（昭和一二）年七月発行の『天気と気候』第四巻七号の誌上で提案している。正直は既存のものの欠点を指摘し、それに改良を施すことで、より良い性能、より使いやすいものにしようとする。ばかりか、自身の研究手法や独自の科学機器の仕組みを自分の裡だけで抱えておくことができず、専門誌を通じて広く研究者へ向けて開陳してみせるのに躊躇しなかったのである。

正直は観測、計測、分析のため、多くの器具や装置を購入すると同時に、これまで紹介したもの以外にも、自らの研究目的に応じて多くの器具や装置を自作している。調達品にせよ、自製品にせよ、器具や装置を大判のガラス乾板に撮って、記録に残すことも仕事の一部であった。専門論文や著作に参考図のかたちで、使用した器具や考案した装置を掲げる必要があったからである［図四一］。

そうした観測機器や自作機器を集めた写真帖「松印〈阿部家〉御使用の映写機」も残されている［図一二］［図一六］［図四二］。正直の設計になる「日照計原案型」もそうである。手書きラベルに「正直様日照計原案型」とある。阿部のアイデアによる日照計のプロトタイプだったろうと考えられる。

正直の「発明家」ぶりは、撮影法においても遺憾なく発揮された。いかに最新鋭の機種といえ、市販のステレオ撮影機は対物レンズ間の距離が短い。そのため、雲のように無限遠にある被写体については「立体視」像が得られない。

図版四一―（右上）「観測機器」（トランシット）／（左上）同上（カメラ）／（左下）同上（写真経緯儀）／（右下）同上（三五ミリ・シネカメラ）、年代未詳。

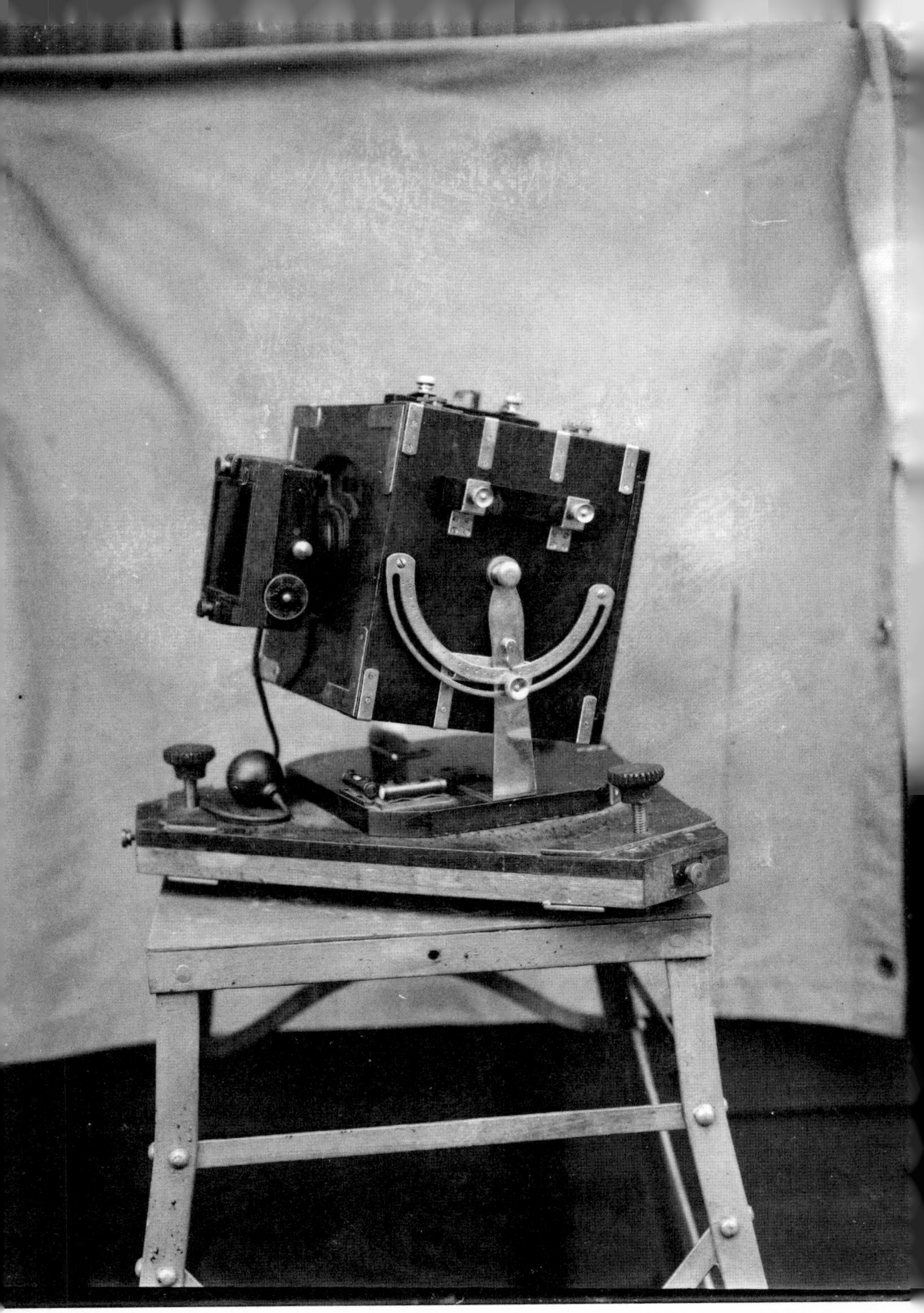

そこで正直は、御殿場の観測所と撮影所、すなわち五百メートルほど離れた二地点に、それぞれキャビネ判写真機と三十五ミリ・シネカメラ「セプト」を設置し、写真と映像の二つのメディアで画像データを同時に記録することにした。もっとも、静止画にせよ動画にせよ、ステレオ撮影のためには、離れた距離にある撮影機を同時並行的に操作せねばならない。といっても、事は簡単でなかった。敷地内に電線が敷設されていなかったため、五百メートル離れた二地点を結ぶ連絡手段に問題があったからである。

正直の遺産のなかに、母屋と観測櫓のあいだでどのようにやり取りをしていたのか、その苦労を物語る物証が残されている。観測を開始した当初は、撮影のタイミング合わせを、手旗信号やカンテラや信号板を双眼鏡で確認し合いながら、手動でおこなっていた。次の段階では、撮影開始の合図をベルで送信し、撮影方向を電話で確認し合いながら、二地点で同時に手動撮影を始めるというやり方がとられた。

図版四二「箱形カメラ」、キャビネ判ガラス乾板、一九三二年（阿部正直撮影）（モダン・コンタクト・プリント、二〇一七年）。

観測の初期段階で手旗とともに使われたと思われるのが、大きなカナ文字の記されたボード、正直の言う「信号板」であった［図三五右］。高さ十メートル近い竿二本を対にして地面に打ち込み、「信号板」を水平方向の軸に取り付け、地上から紐を引くことで「信号板」を天地方向に廻転させる仕組みであった。一九二九（昭和四）年の写真にその姿が残されている。

日照の乏しい払暁や日没、視界の悪いときには、カンテラやランプが持ち出された。小型発電機が設置され、電線で結ばれるようになってからは電信機。さらには、手廻しの電話機［図三五左下］。そしてかなり後になってからのことではあるが、最終的に電信を使う遠隔操作システムが立ち上げられた。とはいえ、一九二八（昭和三）年の段階では、いまだ手旗信号、信号板など、プリミティブな方法で連絡や指示をおこなわねばならなかった。

しかし、どれにしても手動操作に拠ったのでは、時間差を生じることも避け難く、科学的な意味での同時並行撮影とならない。二台のシネカメラの操作を完全に同期させるため、正直は目覚まし時計を改良して、数秒ごとに電接する装置を造り、その電接時計を装備した自動同時並行撮影機を考案するに至った。

一九三二(昭和七)年一〇月二五日には、施設者「阿部正直」の名前で東京逓信局長に「聴取無線電話私設許可」申請をおこない、許可証を得ている。以後、無線電話による遠隔操作でステレオ撮影をおこなうことができるようになった。

写真機《カメラ》と経緯儀《トランシット》をひとつにした観測装置として知られるのが「写真経緯儀」である。雲の高度や位置を測定するための道具で、雲を撮影し、そのときの写真光軸の方位角と高度角が測れるようになっている。この、三角測量原理を応用した計測器を使うと、写真が撮れるだけでなく、地理的空間上の位置や高さに関するデータもまた取得できる。この便利な撮影計測複合装置を考案したのは、ブラウンシュヴァイクの測地学者カール・コッペである。

正直はコッペの発明した「写真経緯儀」を二台導入している[図四三]。二地点を結ぶ基線の両端に一台ずつ据え、雲を撮影するのと同時に、「経緯儀」の

日本學術振興會
雷觀測所

数値と方位方角データを記録に取る。そのようにして得られた測定値から三角測量法を用いて雲の位置や高度を算出する。コッペの装置は便利であった。そのため広く普及し、雲の高度や速度を計測、記録するさいの常道とされるようになった。

正直は、しかし、その方法だけで満足しなかった。二地点で同時に撮影されたガラス乾板の上へ、等間隔にグリッドを刻んだ透明な標準尺パネルをあてはめ、後者のデータ・モデルを基に前者の空間的な位置を算出する、独自の方法を模索したのである。

標準尺としては、富士山頂に立てた垂直な尺度、観測地に一キロメートルごとに布置された格子状尺度が使われた。富士山の立体縮尺模型を三次元の立体格子のなかに設置し、X―Y―Z座標上で雲の位置や高度を記載しようとの試みであった。

帝大理科大学の実験物理学教室に学んだ経歴の故もあろうが、正直はシミュ

図版四三―「写真経緯儀の傍らに立つ阿部正直」、日本学術振興会「雷観測所」（高崎）、ゼラチン・シルバー・オリジナル・プリント、年代未詳（撮影者未詳）。

図版四四　「風洞実験装置」、本郷西片町本邸、ゼラチン・シルバー・オリジナル・プリント、一九二九年頃（阿部正直撮影）。

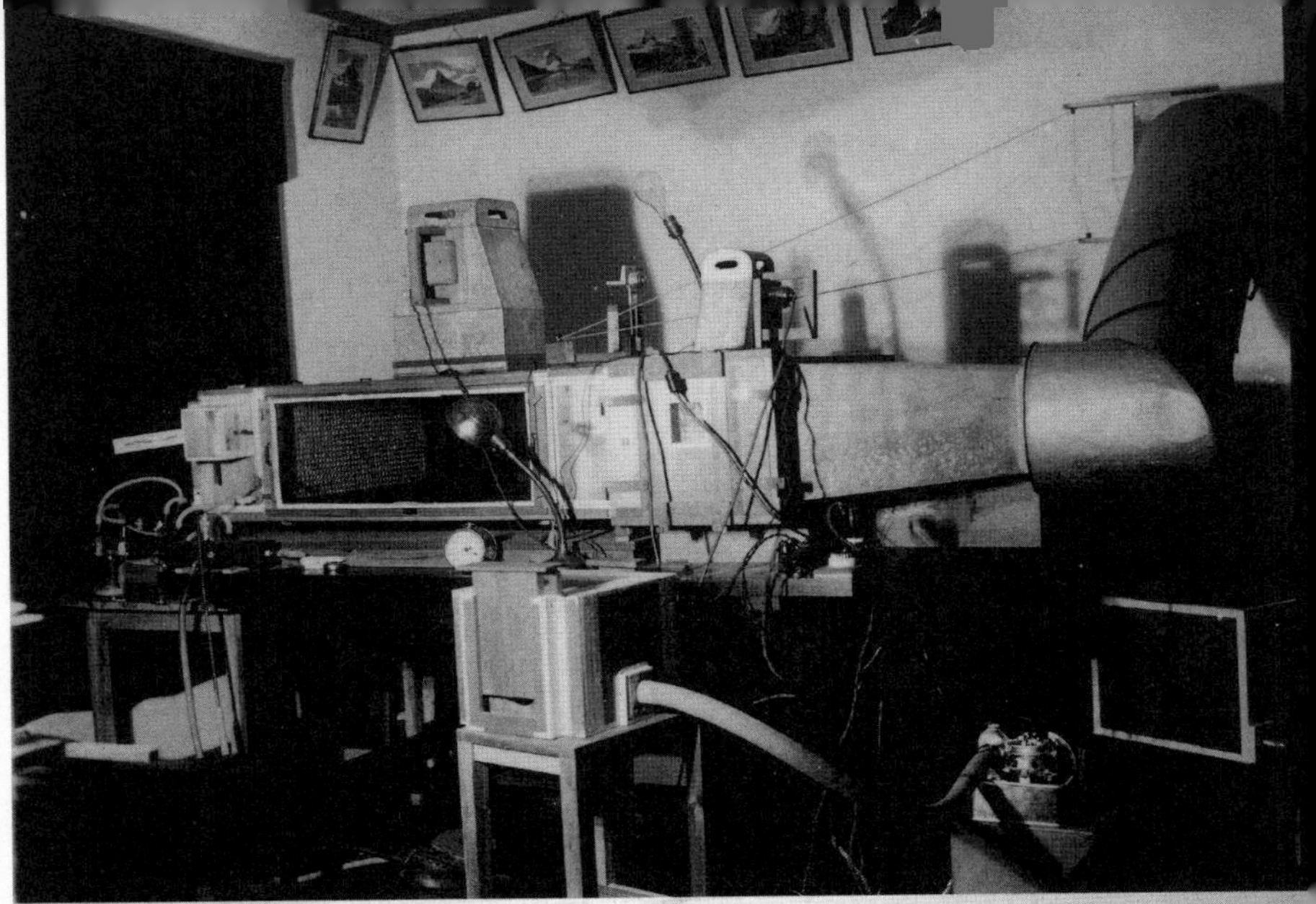

白煙に依って示された谷模型に對する気流

谷傾斜角四五度（谷型を無視）
谷夾角一八〇度

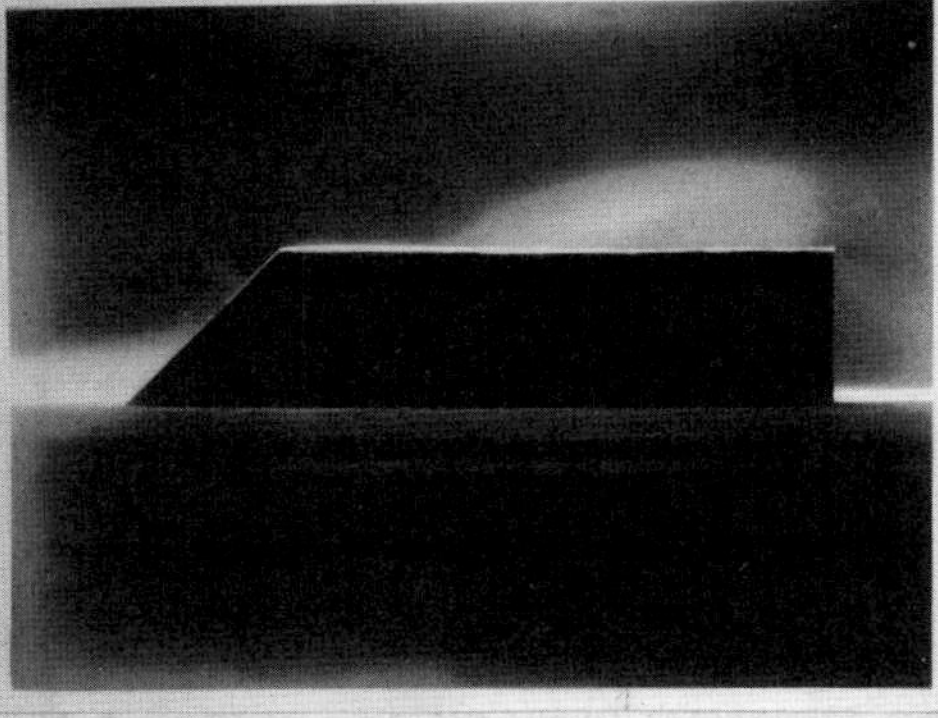

谷傾斜角四五度
谷夾角四五度

レーションによる事実検証をことのほか重視した。本郷西片町の本邸の一角に実験室を設け、各種の器具を考案し、装置を構築し、山雲の発生過程を室内で再現してみせる、それが正直の企てであった。きっかけは、先述の通り、エトナ山の白雲、通称「風の伯爵夫人」（コンテッサ・デル・ヴェント）が富士の山頂付近においても生成していることを発見したことにあった。室内での再現実験も、アイデアとしては宜しい。しかし、それをどのように具体化したらよいのか。

その実証実験で力を発揮したのが、西片町本邸の一隅に設えられた風洞実験装置であった。正直には実験装置の考案など造作もなかったのであろう。風力と風向の調整機能を備えた風洞が用意され、そのなかに五万分の一の富士山模型が設置された［図四五上］。通風装置内に扇風機を使ってドライアイスの白煙、線香の煙といったものを送風し、気流の方向や強度、渦の生成と展開を、天井

図版四五―（上）「風洞実験装置」、本郷西片町本邸、キャビネ判ガラス乾板、一九二九年頃（阿部正直撮影）（モダン・コンタクト・プリント、二〇一七年）／（下）「白烟に依つて示された谷模型に対する気流」、ゼラチン・シルバー・オリジナル・プリント、台紙に貼り込み、年代未詳（阿部正直撮影）。

や側部に備え付けたキャビネ判スチールカメラと三十五ミリ・シネカメラで記録する。そのことを通じて、山雲発生のメカニズムと、それぞれの雲形と気流の対応関係を明らかにしようとしたのである。

近代科学史を顧みると、風洞実験は流体実験を後追いするかたちで始められたとされている。古くは、アイルランド生まれの物理学者オズボーン・レイノルズ（一八四二―一九一二）が一八八三（明治一六）年におこなった流体実験が知られている。それはトンネル型の流水装置を使った実験であった。公衆の立ち会うなかでの試みだったという。

以来、流体実験は各所で試みられるようになったものの、それらの実験の基礎原理を気体に応用しようとする者はおらず、一九二二（大正一一）年にノルウェーのヴィルヘルム・ビヨークネスが気象学の分野でおこなった実験が気体の流れを検証する最初の試みとなった。したがって、正直の風洞実験は、一九二〇年代という時代の状況からして、かなり先駆的な試みだったのである。

それでも満足のゆく結果を得るまでには、二年の歳月を費やさざるを得なかった。一九二九（昭和四）年に発表された第二論文に、前年一〇月六日の富士山の気流の動きを風洞で再現してみせたときの写真が掲載されている。とすれば、二度目の海外旅行に発つ前に、風洞装置が立ち上がり、それを使った実験がすでにおこなわれていたことになる。

当時の正直は、ひと月のうち十日から十八日を御殿場の研究所で過ごしていた。とはいえ、本郷西片町の本邸での研究もまた、おろそかにすることはなかった。一九三四（昭和九）年の日記では、五月一五日に「富士山模型ペンキ仕上ゲ完了」、五月二三日に「山岳模型用風洞通風装置不安定ナリシカバ改良ヲ試ム」とある。また、七月七日には「富士山模型気流実験ニ於テ烟ノ流ヲ一条トナシテ安定ナル状態ヲ造ルコトヲ得タリ、烟流出口ノ形ノ改良案ヲ試ムコトトス」。

科学実験には実験ノートが欠かせない。正直はそのルールに忠実であった。

「科学者」だったのである。「風洞実験ノート」には、本邸に設けられた「風洞実験室」での活動が細かく綴られている。以後、この記録は一九四一（昭和一六）年まで続く。

『遺稿集』のなかに残された言葉のひとつに、「雲は気流の暗号である」というのがある。『遺稿集（草稿）』にも、「雲形は眼に見えない空間の気流状態を暗示する示標で有ると云ふ事が出来る」との言葉が出てくる。風洞実験による「暗号」解読の試みが実を結んだのは、一九三七（昭和一二）年のことであった。同年、実験室には「風洞実験所」の看板が掲げられた。

高い山から滑り落ちた暖気流が、裾野の冷気にぶつかると雲が発生する。気流は絶えず動いている。しかし、雲を形成する粒子が新陳代謝を繰り返しながら新しい雲を生み出し続けることから、静止しているように見える。発生する雲のかたちは、裾野の気流の渦の状態に左右されるのである。

エトナ山の白雲は、止まっていて動かないのではない。山頂から滑り落ちる暖気流が裾野の冷気とぶつかるさいに生じる雲粒の一団なのであって、それを生み出す気流は絶えず流動している。正直はおよそ二年間に亘る実験を通じて、「風の伯爵夫人」（コンテッサ・デル・ヴェント）の再現に成功し、西洋で長く謎とされてきた、山雲の発生原理を解き明かしてみせたのである。

二十世紀前半、雲の研究といえば、気流や風の観測数値、画像のデータを集積し、分析することが、すべてであった。正直もまた、そうした考えに異を唱える者ではなかった。このことは、各種の気象データと画像記録をひとつにした、正直の観測記録シートの膨大な蓄積をみれば、一目瞭然である。事実に基づく検証すなわち、科学的な客観性に重きを置くという基本に忠実だったのである。

観測記録用紙の主な記載項目は、雲写真、カメラの向き、雲の動きを表すスケッチ、地図上における水平方向の雲の分布図、垂直方向の雲の分布図、雲型の分類、測風気球による上層風の観測値、気象観測データである。眼に見える

笠雲（左）と吊し雲（右）

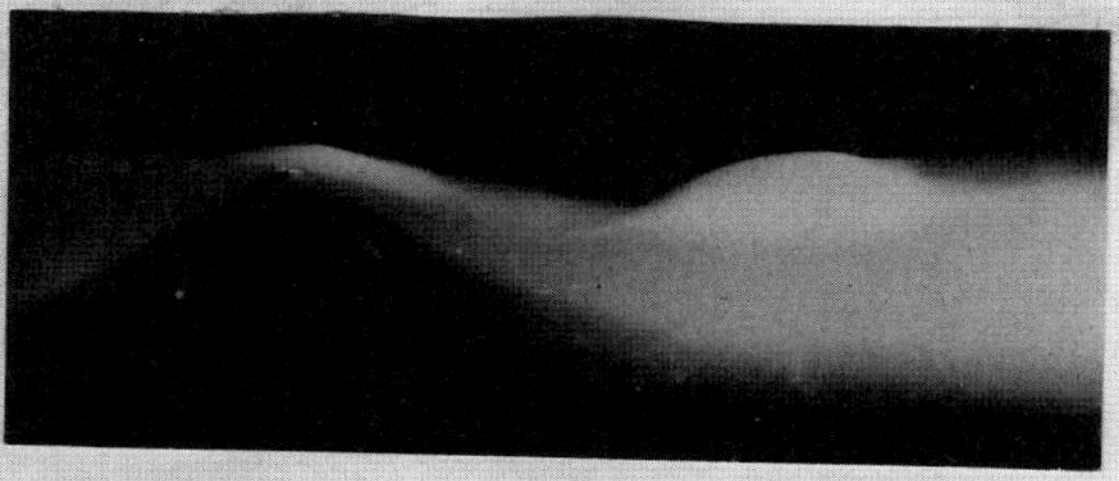

風洞実験に依る笠雲と吊し雲

左、模型富士山　右、畑の隆起

雲の映像記録が、眼に見えぬ気流の状態を示すための客観的な観測データとともに観測記録用紙上に残されている。

正直がとくに興味をもったのは「吊し雲」と呼ばれる、富士の山雲であった。これは、西風の日、富士山頂東側に発生することが知られている。形状はレンズ形が最も多く、次にはV字形に現れ、ときには「翼雲」のかたちをとる。風が富士山に当たると、周囲に特殊な空気交流が起こり、渦動を生じる。ある種の気流が孤峰の周囲に生じると、季節や時間帯にかかわらず、雲塊中を風が流れ、不断に新陳代謝を繰り返す。遠くから眺めると、それが不動の白雲に見えるのである。正直はこの種の雲を、「羽衣伝説」を念頭に置いて、「翼雲」と命名することになる。

「翼雲」は、たしかに「白鳥の翼をひろげたやうな雄大な趣をそゝる」雲である。正直はそれを形状に応じて、「楕円吊し」「波吊し」「対吊し」「積み吊し」など、十一種に分類してみせた。「翼雲」は、そのバリアントを含め、ど

図版四六——「笠雲と吊し雲」「風洞実験に依る笠雲と吊し雲」、ゼラチン・シルバー・オリジナル・プリント、台紙に貼り込み、一九三七年（阿部正直撮影）。

のような条件下で発生するのか。そのプロセスを実験室内で再現できないか。それが正直の研究課題となった。

「笠雲」が「吊し雲」へ転じるプロセスに関する風洞実験についても、課題、仮説、方法、結論が簡潔に述べられている。「笠雲が山頂に現はれるのは山を越える気流が上方の不連続面を押し上げる為に雲が現はれるとしても吊し雲に如何して出来るかと云ふ疑問が起るのは当然であるが山の風下に出来る波の為であると知ればうなづかれもする。今此気流の状態を気流実験で風洞内に作る事は出来ないかと云ふに筆者は此不連続面の条件を満すためにドライアイスの白烟を利用して吊し雲を作つて見た。此実験を述べる前に不連続面が存在してゐない時には如何なる気流の状態となるかに就ても実験して見る事とする」。

一九三九（昭和一四）年のコンタクト・プリントには、「吊し雲」の風洞実験の様子が残されている。上層が暖かく下層が冷たい不連続面が山頂付近の高さにあるとする。その条件下でドライアイスの煙を送風すると、冷気の上に重なっている暖気も斜面に平行に下降し、山腹を廻ってくる気流とぶつかり、風下側でまた上方に押し上げられる。この記録写真は上部から細い隙間を通して照明を当てるかたちで撮影されている。

前後関係は不明ながら、同じ頃になされたものと考えられる別な風洞実験の記録もある。富士山模型へ水平方向に白煙を吹きつける。すると白煙は風上側の山腹を這うようにして駆け上り、風下側の山腹で渦を巻く。風下側の山腹に逆気流が生じるも、風上から山頂を乗り越えて降り下ろうとする風を受けて攪乱する。

白雲の渦を上部から撮影した連続写真も残されている［図四七］。あのレオナルド・ダ・ヴィンチは、流水の動きのメカニズムを知ろうと渦を巻く水流を眺め続けたと言われる。その逸話を思い起こさせるような連続写真である。実際に正直は、風洞を使った気流の研究を通じて、空気の流れを水流のアナロジーとして理解することになる。

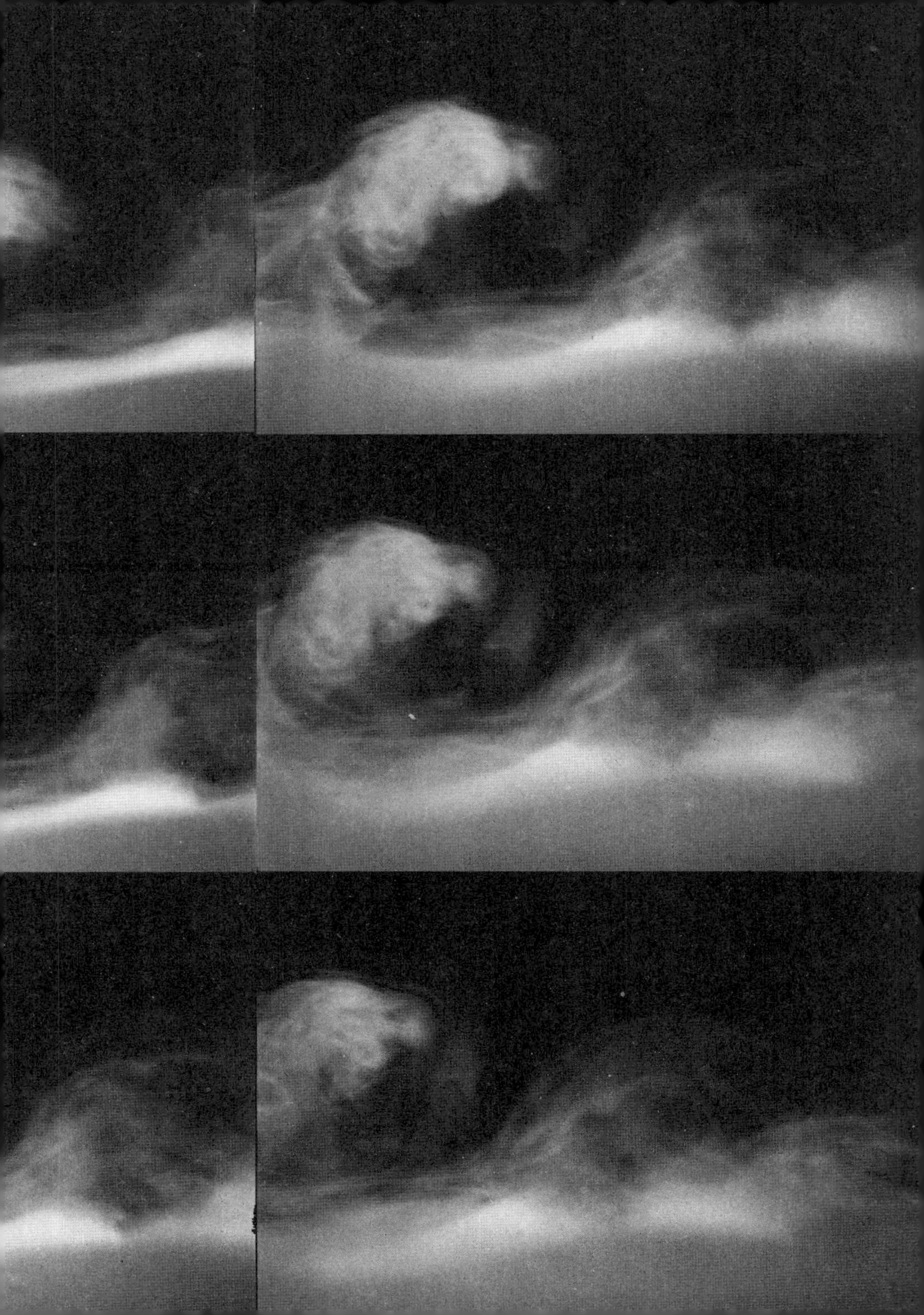

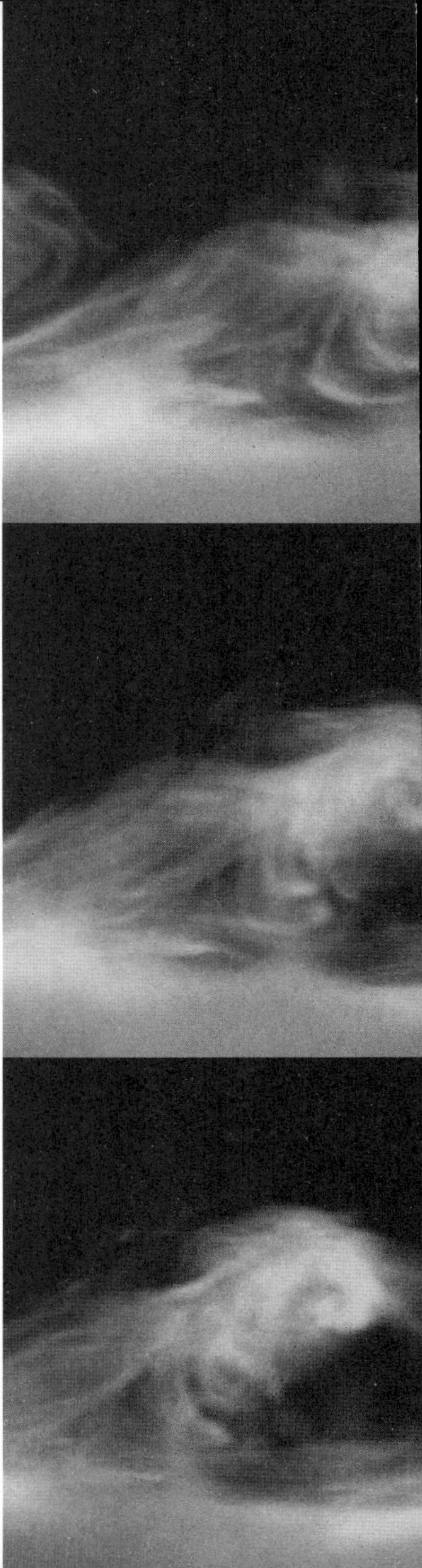

一九四二（昭和一七）年のコンタクト・プリントには、「谷模型における空気の流れ」についての実験記録もある。同年発行の大日本気象学会報『気象輯誌』第二輯二〇巻三号に発表された論文「山岳気流状態の研究」の図版一に掲げられたものがそれである。正直は傾斜角と夾角がともに四十五度となるようなV字形の谷の模型を作り、風洞内でそこに風速毎秒〇・五メートルの白煙を送風し、空気の流れる様子を撮影している。谷から這い上がる白煙は、渦を巻

図版四七——「気流実験写真」、本郷西片町本邸「風洞実験所」、ゼラチン・シルバー・オリジナル・プリント、一九三七年（阿部正直撮影）。

第[illegible]図

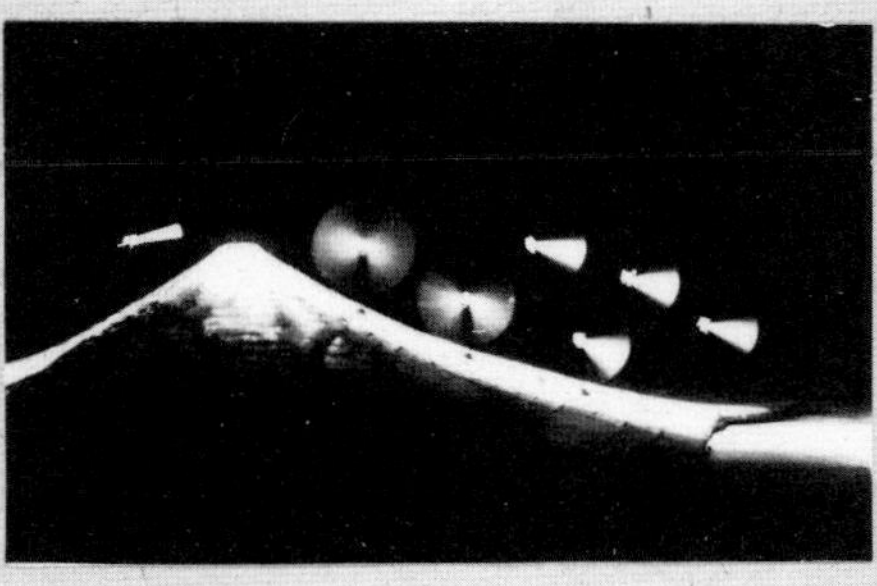

長さ一粍の蘭の燈心を自由に廻轉するやうに造った小風信機と云った指標を五万分の一の富士山実体模型の風下に置いた時の指標の振動状態を示す
廻轉は渦巻と逆気流を示し扇形は擾乱流の振動範
を示す

山と溪谷十月号

きながら吹き上がる［図四五下］。

　また、傾斜角四十五度で、夾角百八十度の谷模型でも同じ実験をおこなっている。谷を形成しない場合には、斜面を駆け上る白煙の渦動と吹き上げも、前者ほど激しくない。これらの実験は、谷の傾斜角が同じであっても、夾角が異なると、谷から吹き上がる気流の角度が一様でないことを実証してみせている。

　遺産のなかに一九三七（昭和一二）年頃の撮影と思われるキャビネ判コンタクト・プリントがある。そこに添えられた解説文には、「中央の円形の物は撮影用レンズを取付けた箱で水平に移動する。上部の長い棒の先に指標を取付けてレンズと共に移動する。此装置は最初に試作したもので三十五ミリ映画フィルムを使用する」とある。正直はその装置を使って山岳気流地図を作成できないかと考えた。

　後に正直は山容と気流との関係を探るための別な実験装置を考案している。

図版四八―（上）「映写機画面上で雲の移動方向を観察するための実験装置」、キャビネ判ガラス乾板、一九三七年頃（阿部正直撮影）（モダン・コンタクト・プリント、二〇一七年）／（下）「指標実験写真」、ゼラチン・シルバー・オリジナル・プリント、台紙に貼り込み、一九三七年（阿部正直撮影）。

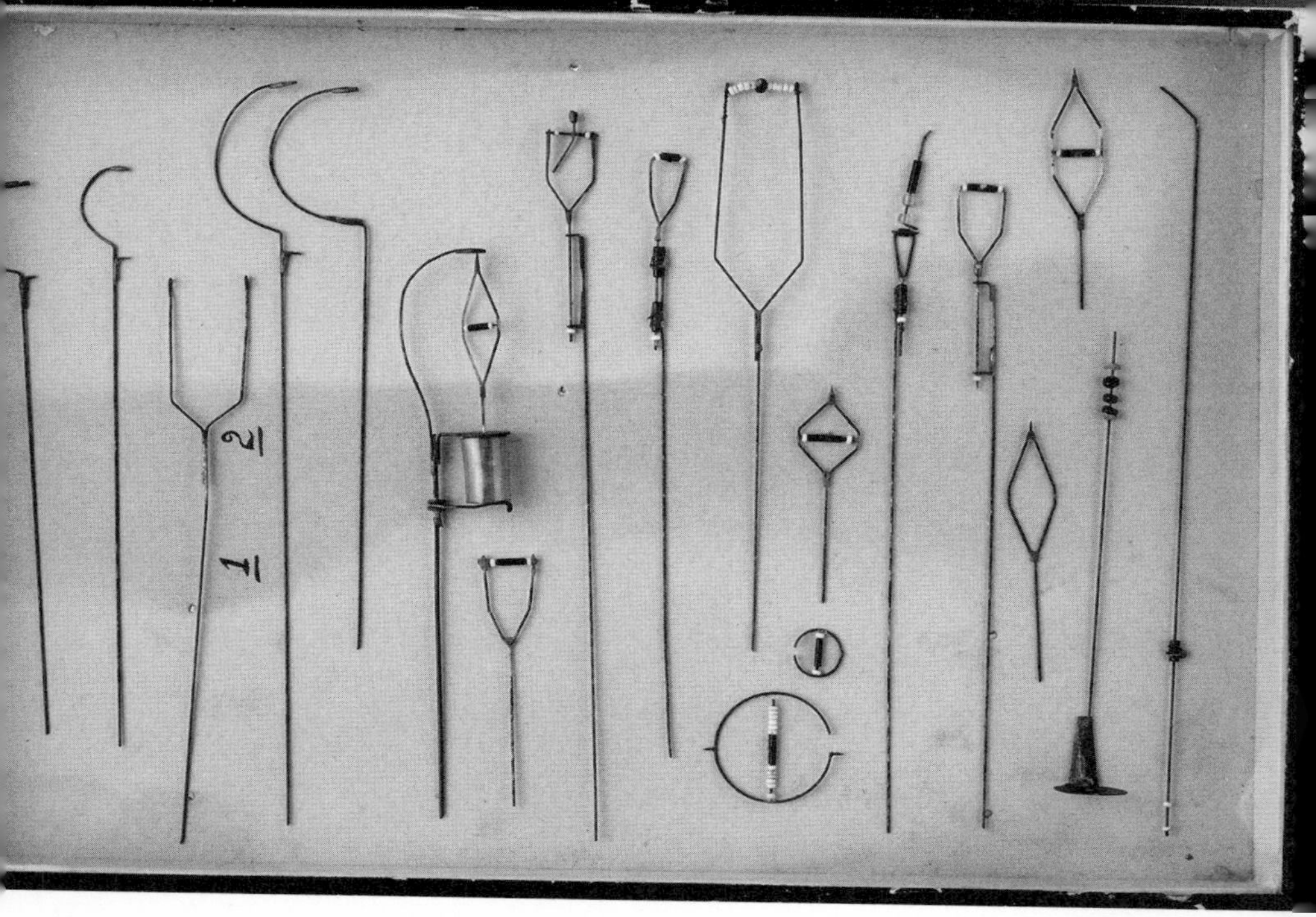
2
1

「障碍気流実験の風向指標撮影装置」がそれである［図四九上］。一九四八（昭和二三）年七月発行の雑誌『自然』にも、「富士山の雲」の表題で右記の「風向指標撮影装置」の説明が掲げられている。

空気の流れを可視化してみせるため、正直は線香の煙やドライアイスの煙を使った。白煙の動きをクリアに見せるため、背景を暗くする。そこまでは宜しい。厄介なのは気流の角度と方向を、肉眼による観察結果の採取だけでなく、科学的な再検証に耐えるかたちで記録に残すことであった。

そのため、正直は長さ一センチ前後の藺草《イグサ》の燈心を自由に廻転できるようにした指針を用意した［図四九下］。五万分の一の富士山実体模型の周囲には、風向きによって自由に振れる指針が多数設置された。風洞から白煙を送風し、風向指針の振動する様子を、静止画ないし動画に記録する［図五〇上］。廻転する指針は渦巻きや逆気流を示し、扇形に振れる指針は乱流の存在の証となる。指針の振れ幅は乱流の強度を示す。指針の動きに関するデータを基に、山容が風

図版四九―（上）「障碍気流実験の風向指標撮影装置」、ゼラチン・シルバー・オリジナル・プリント、一九三七年頃（阿部正直撮影）／（下）阿部正直自製「風向指針」、鉄線に糸、一九三七年頃。

25 23 21 19 17 15
V11
19
21
23
25
27
29
O
31

の流れへどのように作用するのかを調べようというのである。眼に見えぬ物理現象を可視化してみせようという、寺澤寛一が取り組んでいた「シュリーレン法」の考えを、気流の動きの解明を目指す自らの研究へ取り入れたのであった［図五〇下］。

正直の独自性が発揮されたのは、そこに映像機器を導入しようとした点にあった。風洞を使って人工的に生み出された空気の流れのなかに、指針を多数設置し、それぞれの振幅と速度をスチール写真とフィルム映像に収め、渦巻きや乱気流の発生状況を説明しようと考えていたからである。

正直の「発明家」ぶりが発揮されたのは指針の形状である［図四九下］。研究目的に最適の指針はどのようなものか。この探求の歩みを示す試作品群が残されている。最適のフォルムとしてどれを採用したのか、残念ながら、今となっ

図版五〇―（上）「指針の動き」、ゼラチン・シルバー・オリジナル・プリント、シネフィルムのコンタクト・プリントをアルバムに貼り付け、年代未詳（阿部正直撮影）／（下）実験報告書「指標像について」の添付写真、ゼラチン・シルバー・オリジナル・プリント、シネフィルムのコンタクト・プリントをアルバムに貼り付け、年代未詳（阿部正直撮影）。

ては断ずる術もない。とはいえ、試行錯誤の果てに残された多様な形態の試作品群は、工学的な「思考」の展開プロセスを直截に示すものとなっている。

指針は風洞から送られてくる人工風を受けて高速ではためく。それらの動きを記録した写真は、単純にして明快であり、説得力に満ちている［図五〇］。しかし、正直は実験結果に満足できなかった。この挑戦的な研究は、報告書のかたちで纏められたにとどまり、専門誌での発表に至らなかったからである。

■先端に立つ

「クラウド・スタディーズ（雲研究）」は一八九一（明治二四）年九月に大きな転機を迎えた。ミュンヘンで開催された「国際気象会議」の場で、スウェーデンの気象学者のヒューゴー・ヒルデブランド＝ヒルデブランドソン（一八三八—

一九二五）を中心に「国際雲委員会」が創設され、雲分類の統一規約を定めることの合意が成立したからである。

三年後の一八九四（明治二七）年には、「国際雲委員会」の呼びかけで世界中から集められた雲写真の展覧会が、スウェーデンのウプサラで開催されている。展示に供されたのは、スイス人気象学者アルバート・リッゲンバック（一八五四—一九二一）が「センティス山測候所」で一八九〇（明治二三）年から五年ほどのあいだに撮影した雲写真のほか、フランス人気象学者レオン＝フィリップ・テイッセーレン・ド・ボール（一八五五—一九一三）、スコットランド人気象学者ラルフ・アバークロンビー（一八四二—一八九七）らの雲写真であった。ウプサラでの展示が終わると、展覧会は英国、北米各地を巡回することになった。その国際巡回展の成功が誘因となり、雲の分類体系を模索する動きが具体化し始めたのであった。

写真は雲の研究に役立つ。写真の有用性は、十九世紀後半の時点で、すでに諸外国の研究者たちの共通認識となっていた。カメラが「経緯儀」と一体化した「写真経緯儀」の出現も、雲研究における写真の価値を高める上で大きな寄与をなした。雲に向けられた「写真経緯儀」は、映像記録装置としてのカメラの域を超え、ターゲットの高度や速度を観測するための科学的計測装置とみなされるようになった。雲の研究においても、自然をあるがままに写し取る写真の機械的客観性が重視される時代になろうとしていたのである。

一八九六（明治二九）年から翌年にかけて、世界の十七の研究機関が、「国際雲年」の旗の下で協働し、気象観測のプロトコールを取り纏めることとなった。観測の手段として写真の活用が公に推奨されるようになったのは、そのときのことである。また、巡回展のために収集された写真を基に、多色石版刷りプレートを掲げた世界初の『国際雲図帖』が、ヒルデブランドソン率いる「国際雲委員会」の名前で出版された［図五一上］。書中に掲げられた石版図版は、蒼穹を青色に刷り、雲の形状がわかりやすいよう工夫されている。

日本国内はどうであったのか。一九二九（昭和四）年四月二五日に日本初の雲級図譜『雲』が帝大教授藤原咲平の名前で出版されたさいに、国際標準に基づく方法が採用され、それは国内でも雲図を表示するさいの定式となった。日本版「雲級図」では、蒼空と雲を区別しやすいよう、空色と墨色の二色で刷り分けられている。藤原は、その点で「外国にあるものよりも成功した」と胸を張ってみせた。

同書の初版には、アバディーン大学のジョージ・オウバーン・クラーク、第一次世界大戦時に飛行機上から雲を撮影したチャールズ・ジョン・フィリップ・カーヴ（一八七一―一九五〇）ら、英人気象学者の撮影した写真が多く掲げられており、正直の写真は一点しか使われていなかった。しかし、発行後、幾度も版を重ねるなか、増補改訂第一版以降は正直の「富士の山雲」に三十頁が割かれることになり、図版プレートにも総計三十六図が採用されている［図五一下］。資料として最良の山雲写真は正直の撮ったものであることを帝大の藤原

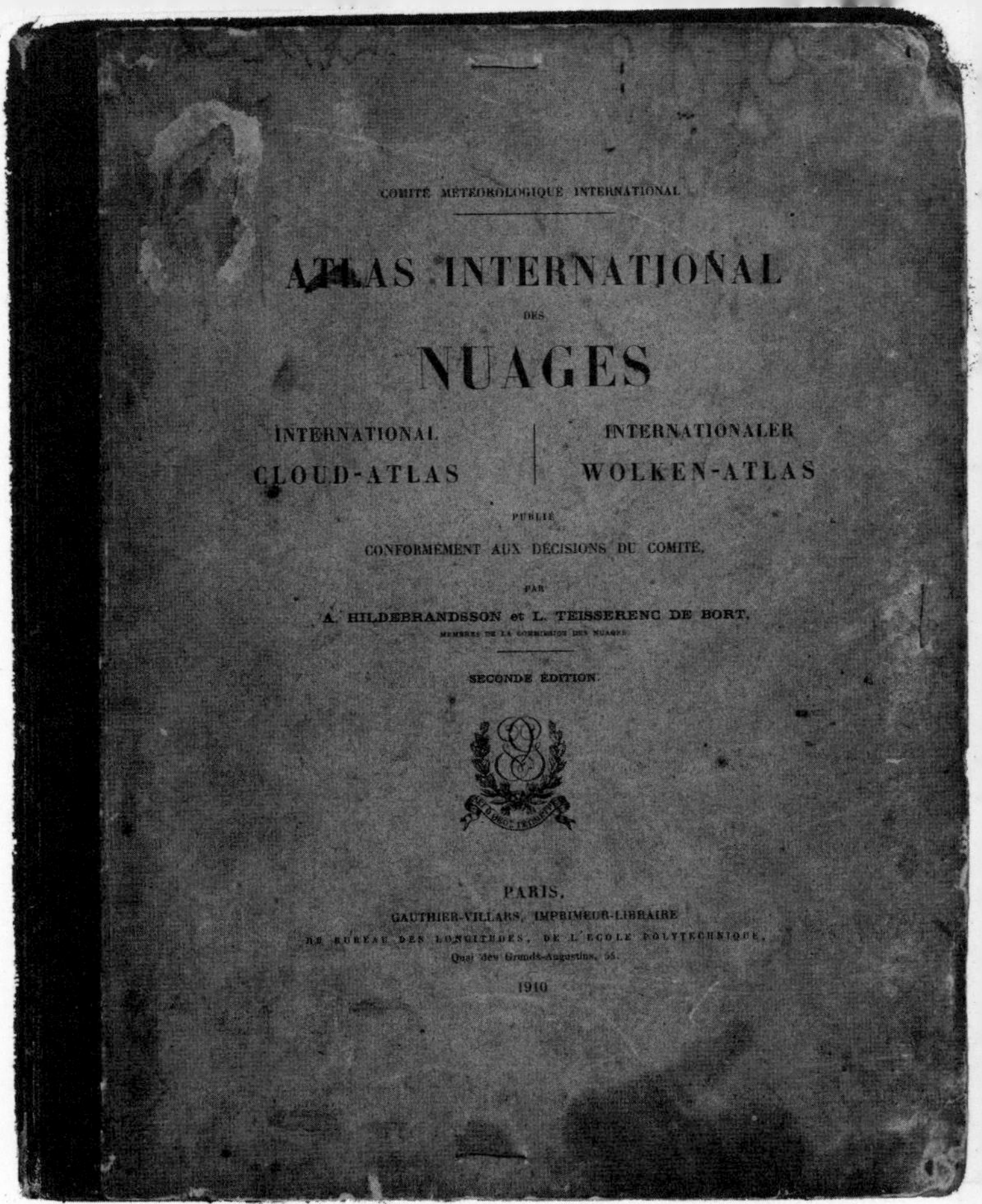
COMITÉ MÉTÉOROLOGIQUE INTERNATIONAL
ATLAS INTERNATIONAL
DES
NUAGES
INTERNATIONAL
CLOUD-ATLAS
INTERNATIONALER
WOLKEN-ATLAS
PUBLIÉ
CONFORMÉMENT AUX DÉCISIONS DU COMITÉ,
PAR
A. HILDEBRANDSSON et L. TEISSERENC DE BORT,
MEMBRES DE LA COMMISSION DES NUAGES.
SECONDE ÉDITION.
PARIS,
GAUTHIER-VILLARS, IMPRIMEUR-LIBRAIRE
DU BUREAU DES LONGITUDES, DE L'ÉCOLE POLYTECHNIQUE,
Quai des Grands-Augustins, 55.
1910

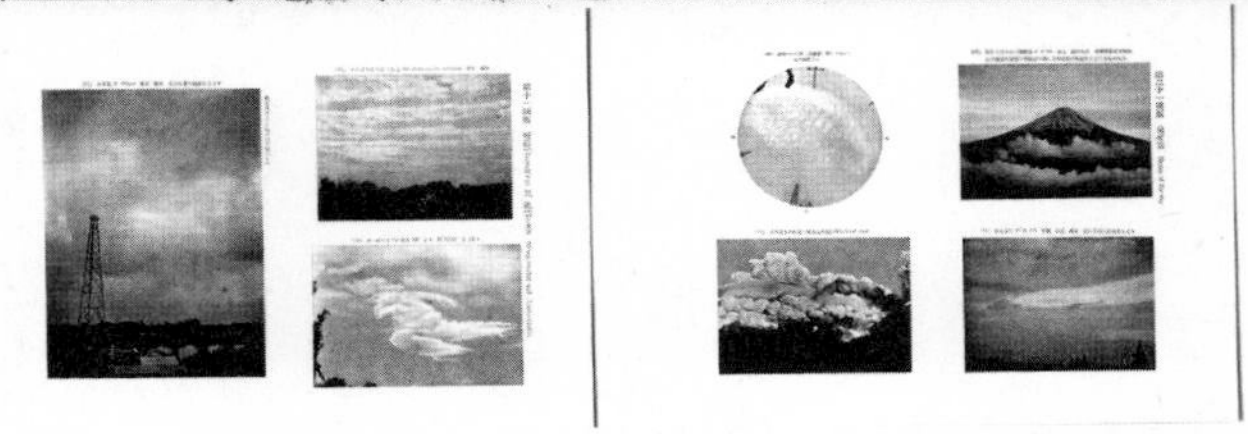

雲

をはじめとする気象学者の多くが認知したということである。

とはいえ、正直が富士の山雲の研究を始めた大正末期には、動画像を研究に活用しようとする気象学者などおよそ皆無にも等しい状況であった。唯一の例外的存在であったのは、正直が論文「雲の研究に利用した立体活動写真装置に就て」のなかで挙げているネイピア・ショー卿であった。この英人気象学者は雲のかたちが変化する様子を高速度撮影し、その映像を使った研究を一九一一（明治四四）年におこなっていたからである。

そればかりでなく、正直のそれの如く山雲に特化した研究も先行例がほとんどなかった。大陸移動説を提唱したドイツ人気象学者アルフレート・ロータル・ヴェーゲナー（一八八〇―一九三〇）が、一九一一（明治四四）年の大気熱力学

図版五一―（上）ヒューゴー・ヒルデブランド＝ヒルデブランドソン＆レオン＝フィリップ・テイッセーレン・ド・ボール共編『国際雲図帖』第二版、パリ、国際気象委員会、一九一〇年（*Atlas International des Nuages*, publié Conformement aux Décisions du Comité, par A. Hildebrandsson et L. Teisserenc de Bort, membres de la Commision des Nuages, Paris, 1910）／（下）藤原咲平著『雲』増補改訂第一版、東京、岩波書店、一九二九年四月。

研究のなかでアルプスの「障害雲」について論じているが、それが唯一の事例と言ってもよかった。

ヘルムート・フェルター氏の記すところによると、一九三一（昭和六）年末、正直はポツダムの「気象地磁気研究所」のラインハルト・シューリング所長（一八六六—一九五〇）が一一月二六日の日付で送付した招待状を受け取っているという、「阿部伯爵殿下、国際雲委員会は貴殿の映画的研究に多大な関心を寄せています……貴殿と布良《めら》観測所の科学者が日本で一九三二／三三年の国際雲年に写真計測的・気流学的計測を実現できたなら、大いに価値あることと承知しています」。

正直に招待状を送ったシューリングは、一九〇一（明治三四）年に気象観測気球で高度一万メートル到達の世界記録を達成したことで知られる。一九〇九（明治四二）年から長期に亘りポツダムの研究所の所長を務めており、「国際気象学機関」が一九三〇／三一（昭和五／六）年を第二回「国際雲年」と決定したさい、同委員会で座長職にあった。

そのシューリングが正直と接触を図った。理由は明らかである。地上では標高が高くなるにつれ、外気温が下がる。山岳地帯では気温の低下が山雲を発生させる。シューリングは、その相関性を解明したいと考えていた。ポツダムの所長は、自らの取り組む研究課題が正直のそれと重なっていることを知っていたのである。

書簡のなかに出てくる「布良」は、千葉県館山市の、房総半島の突端に位置する町である。一九二五（大正一四）年に創設された検潮所の活動が拡大し、一九二八（昭和三）年一月一日から気象観測もなされるようになっていた。布良の観測所の職員たちは、もちろん正直とも交流があり、気象観測に映像技術が応用できないか、御殿場と同じような試みを官業としておこなっていた。片や富士の裾野の御殿場、片や房総半島の突端の布良。それら二地点は気象学的な意味だけでなく、地政学的な意味でも、帝都東京にとって特段の価値をもっていたに相違ない。

立体映画という特殊な撮影手法の導入に至っては、正直が文字通り、世界のパイオニアであった。もちろん、技術論的な意味での先行例がなかったわけではない。連続撮影機「写真銃」で知られるエティエンヌ・ジュール＝マレー（一八三〇―一九〇三）の助手を務め、「クロノフォトグラフィ」の先駆者となったルシアン・ブル（一八七六―一九七二）の試みがそれである。

ルシアン・ブルはマレーが没した一九〇三（明治三六）年に、電磁式シャッターを使い、ハエの飛行を一秒間に千二百コマという高速度で撮影することに成功している。さらに自ら「スパーク・ドラム・カメラ」なる並行撮影式ムービーカメラを開発し、それを用いて同年から翌年にかけて、シャボン玉の破裂、トンボやハエの飛行をハイスピード撮影し、シネフィルムのひとコマに二画面を横並びに表示するかたちのスローモーション立体映画「ステレオフィルム」を実現していたからである。

しかし、ブルの挑戦には限界があった。ブルのカメラは、右に挙げた被写体からも想像される通り、接写にしか使えなかった。また、ハイスピードで撮影するため、フィルムの尺長の限界値である、三秒から五秒程度しか撮れなかった。そのために、昆虫のように素早く動くものにしか適用できなかったのである。さらに、二画面をステレオ視するための立体眼鏡が必要とされた。映像をスクリーンに投影しなくてはならず、今日と違い当時のメディアでは解像度に問題があった。

それらのことを考えると、はるか彼方の上空で流れるようにゆっくりと変化する山雲に応用できるものではないことがわかる。一九三〇年代に入ると映像を用いた雲研究が各地に登場し始める。しかし、立体映像撮影を取り入れた研究はどこにも見あたらない。正直の研究手法は誠に先駆的であり、実に独創的であった。

また、山雲の形状の体系的な分類命名方法についても、正直の独創性が光っ

ていた。一九三九（昭和一四）年の『気象輯誌』第二輯一七巻五号に発表した「富士山の雲形分類」において、正直は富士山雲を気流状態によって七類型に分類し、それらのうちの「笠雲」について二十種の下位分類を提案している。その基礎資料となったのが、一九三二（昭和七）年一二月一二日以降に収集された各種「笠雲」の写真体系であった。縦約十二センチ、横十六センチの、ほぼ同寸のゼラチン・シルバー・プリント三十二点のセットで、それらを見るだけで「笠雲」の類型学が理解できるようになっている。

「笠雲」に正直は特段の関心を寄せていた［図五二上］。富士山ではときおり山頂に笠を被せたような雲が発生する。これが「笠雲」である。上方に暖かい空気層があり、下方に冷たい別な空気層がある。湿った空気が山頂を舐めるように流れると、空気層が押し上げられ、笠のかたちをした雲が発生する。風向、湿度、気温、風速が、ある一定の条件を満たすと、「笠雲」が生まれるのである。

図版五二（上）「富士山の笠雲」／（下）「富士山の横筋雲」、ゼラチン・シルバー・オリジナル・プリント、年代未詳（阿部正直撮影）。

ひと口に「笠雲」と言うが、そこには「レンズ笠雲」「鶏冠笠雲」「前掛け笠雲」「二階笠雲」「庇笠雲」など、多くのバリアントが存在する。正直によると、笠のかたちは一様でない。気象条件によって特色のあるものが色々と出現するからである。類型としては二十種が数えられ、さらにそれぞれの類型に変異形が認められるという。

最もありふれた類型が一重の「笠雲」である。二重、三重と重複する「笠雲」は、それぞれ「二重笠」「三重笠」と呼ばれる。「離れ笠」は山頂を少し離れた、高い場所に現れる「笠雲」である。笠の縁が片方に長く伸びると「庇笠雲」になる。「かいまき笠」は笠の縁が一様に山体に接していることから、そのような呼び名がついた。「中央気象台長」の岡田武松が、一九三五（昭和一〇）年六月一七日に現れた「笠雲」を「かいまきのようだ」と形容したことから、その名前が始まったとされる。

「破風笠」は「笠雲」の風下縁が屋根の破風に似ることから、そう呼ばれている。「笠雲」の風下縁の部分が割れているものは「割れ笠」である。「前掛け笠雲」は山の風上山腹に布が掛かったように見える、かたちの変わった「笠雲」である。「笠雲」のようには見え難いが、「割れ笠」が極端なかたちで風上山腹に寄っていることに、その名が由来する。

「横筋笠」は横筋が多く入った「笠雲」である［図五二下］。笠が幾重にも重なり始めると、それが見られる。ときに重なった「笠雲」へ転じることもある。幾段にも重なった不連続面が、互いに接近し合って山頂に出現すると、この雲ができる。

「尾曳き笠」は風上縁が長く広く伸びた「笠雲」である。「乱れ笠」は風下縁が煙状に乱れたものである。「末広笠」は風下の縁が乱れて上方に広がっている。「吹出笠」は積雲を風下に連続発生させる「笠雲」である。「円筒吹出笠」は笠の縁が断崖状になっている。重複した「笠雲」の特殊形で、円筒状の「笠雲」と言ってもよい。「鶏冠笠」は上部の凹凸が鶏冠に似た「笠雲」である。

雲形は波笠より、むしろ積雲に近い。

「雲」とはすなわち、転変し、流動し、変形して止まぬ、大気のリアルな現象である。他方、「類型」はある定まった形態に対して与えられる範疇論的な概念である。気象学者が「雲図帖」で明示しようとした「雲の分類学」は、両者を架橋しようとするものであるが、肉眼による判定へ依拠することから、科学的な意味での客観性に乏しいと言えなくもない。正直は、しかし、山雲の、なかでも富士のような孤峰の山頂付近に生成する「笠雲」に特化して、雲の類型の「厳密科学」を確立したいと考えていたのである。

正直は山雲の分類を提示した論文の冒頭で、雲形とは「未知の気流状態を示す標識である」と明確に規定している。『国際雲図帖』は一九三二（昭和七）年に改訂版の出版をみたが、そこには山雲に関する議論が含まれていなかった。山雲の形状を言表するのに、既存の分類名が使えなかったからである。雲研究をめぐるそのような状況下で、雲形が眼に見えぬ気流の写しであることを看破し、気流状態に応じて山雲を詳細に記載整理した正直の分類体系試論は、世界的にみて画期的なものであった。

気象学的なデータ取得が、以前ほど思うに任せなくなったせいもあろうが、正直は私財一万余円を投じ、御殿場大字新町の「阿部雲気流研究所」に四十坪ほどの「参考館」を建てることにした。着工は一九三七（昭和一二）年四月であった。「科学と芸術の結合」を目指す「雲の殿堂」が完成間近である、と同年七月一〇日の新聞で報じられている。

九月初めに建物が竣工し、同年末には晴れて「参考館」の開館にこぎ着けた。建物には窓がなく、天井からの採光を利用するようになっていた。額装された大判写真プリント百余枚が壁面を飾り、部屋の中央に配されたテーブルには、スライド式立体視鏡「ステレオ・ビューアー」が二十四台設置された。富士山周辺の地形を示す各種模型類も併せて陳列された。

正直の遺産のなかに残された二百点を超える大判プリントは、「参考館」で

図版五三―「富士山の山雲」、ゼラチン・シルバー・オリジナル・プリント、年代未詳
（阿部正直撮影）。

の展示公開に使われたものである［図五三］。理化学研究所で感光剤と写真乾板の化学研究と取り組んだ経験が生きていたようで、大判のプリントはどれも印画技術的な面できわめて高い水準にある。「参考館」には御殿場近隣の学童ばかりでなく、静岡県外からも見学に訪れる者が途絶えなかったという。

もっとも、正直には悩みもあった。「参考館」は「科学と芸術の融合」を標榜するミュージアムとして立ち上がった。にもかかわらず、館内で眼にするものといえば、どれも山雲を捉えたモノクロ画像だったからである。ジャーナリストにそのことを指摘された正直は、しかし、幸運な出会いを経験することになった。

富士岡村諸久保というから、研究所から歩いて三十分ほどのところである。そこにアトリエを構えていた画家が、ある日突然正直の許を訪ねてきた。「明恍」の雅号をもつ洋画家大森桃太郎（一九〇一－一九六三）であった。大森は光、空、雲を摑まえる、フランス印象派風のスタイルで富士山を描こうと悪戦苦闘していた。正直と会い、富士について話が弾んだのか、以後も大森はしばしば研究所を訪れるようになった。正直は「雲の博士」として画家に、気象学的な「理《ことわり》」を教授することになった［図五四］。大森は正直の写真を基にして四十号大の「富士山」を描き、正直はそれを「参考館」の壁に飾ることにした。大森の作品は展示室に彩りを添えることになった。

正直の遺品のなかに残されていた作者未詳の初期洋風画《宝永大噴火後の富士山麓》も、同様の考えにより、博物館の展示物として使われていたものであろう。周知の通り、富士山は火山である。最後に噴火したのは、江戸時代中期の一七〇七（宝永四）年のことであった。白い灰に埋め尽くされた噴火後の山麓の風景を描いた油画は、歴史的な記録としてだけでなく、初期の洋風画としても貴重である。

また、正直のコレクション・アイテムであった岡田紅陽と山田應水の「芸術的な」風景写真群もそうである。岡田紅陽は富士山写真の巨匠としてよく知

昭和十一年
五月廿九日

られていた［図五五］。日本人にとって富士山は唯の山ではない。古くから「霊峰」として信仰を集め、和歌に詠われ、絵画に描かれ、宗教的・文化的な意味で、他山と異なる格別の存在であり続けてきたからである［図五六］。

「参考館」の博物館の建物が竣工し、開館の準備が進められていた一九四〇（昭和一五）年一〇月のことである。岡田紅陽が「紀元二千六百年奉祝出版」と銘打った大型写真集『富士山』を出版した。西暦の一九四〇年は神武天皇の即位から二千六百年目にあたる。それを謳い、「皇紀二千六百年」の旗の下、近衛文麿内閣は「神国日本」の国体強化のための記念行事を国内各地で繰り広げた。

そうした世相のなかで、日本精神の拠りどころのひとつとして称揚されたのが「霊峰富士」であった。富士の山頂にある富士山本宮浅間大社奥宮には、近衛文麿（一八九一—一九四五）の揮毫になる「讃皇紀二千六百年歌」を刻んだ石燈籠が建てられた。

自序のなかで岡田紅陽は言う、「私の憧れをもつ富士山は、私のカメラをと

図版五四—『阿部正直』、デッサン紙にコンテ、一九三六年五月二九日（大森桃太郎画）。

ほしての絵であり、詩であり、音楽であり、信仰であり、そして生活でありたい。……日本人に生まれた自分に、よりふさわしい自然と、より愉しい人生とを物語つてくれる訓諭の父であり、慈愛の母なのでもある」。

写真集の発行元のアルスは、もとより美麗本の出版で知られる書店であった。「神国日本」称揚の時勢に乗って、写真集の外装は日本画の最高峰とされていた横山大観（一八六八―一九五八）に委ねられた。富士の姿を写真に残した岡田紅陽、日本画に描いた横山大観の二人を抱き合わせた豪華写真集の出版物と対照的に、正直が自力で成し遂げようとしていた「参考館」立ち上げプロジェクトは、気象学の教育啓蒙活動に徹しており、今日のわれわれの眼からしても、あまりに地味なものであった。

その一例が、「参考館」経営の一助とすべく、「阿部雲気流研究所」の名で発行された絵葉書『富士山の雲』である。第一集は「阿部富士山雲形館内部」「二重笠雲」「つるし雲」「積雲」、第二集は「阿部富士山雲形館内部」「夏の山

図版五五―「富士」（仮題）、ゼラチン・シルバー・オリジナル・プリント、年代未詳（岡田紅陽撮影）。

雲」「冬の山雲」「長雲」のモノクロ絵葉書が、それぞれ四点ずつ収められたセットの粗末な外観は、「時局」の下で、公的な支援の得られぬままにされてきた私営研究所の、その経済的困窮ぶりを物語ってあまりある。「科学と芸術の結合」を実現しようとする「参考館」も、戦時下で、財政的な困窮は避け難かった。正直の思いの集大成とも言える「雲の殿堂」は、ほどなくして閉鎖に追い込まれることになる。

■官職に就く

太平洋戦争の勃発を前に、「本邦に唯一つの雲の研究所」として知られる、御殿場の施設にも「時局」の影響が及び始めた。一九三七（昭和一二）年二月、藤原咲平から、「気象観測事務職」に就かないかと勧められ、正直はその誘いを受けることにした。「官」の機関とはいえ、組織に雇用されることになる。伯爵家当主にあるまじきこと、という周囲の反対を押し切っての決断であった。思えば、帝大卒業後、理化学研究所に通うようになったときも同じであった。所員や技師の職名に「嘱託」と附す。そうすれば華族としての矜持を保つことができる、というのが正直の変わらぬ考えであった。

正直の就職に合わせて、「阿部雲気流研究所」は「中央気象台嘱託観測所」を名乗ることになった。御殿場で収集した気象データは、立体写真七千余枚、フィルム一万余フィートに上っており、それらのすべてが「官」の手に委ねられることになったのである［図五七］。それは「科学上の事案」と呼ぶに値しない、軍部による研究成果の事実上の「横領」であった。

一九三七年七月七日の「蘆溝橋事件」を契機に日中戦争が勃発し、それが導因のひとつとなったのであろう。一八九九（明治三二）年公布の「軍機保護法」が八月一四日をもって改正され、その第十二条によって気象観測データもまた、

図版五六　「富士」（仮題）、ゼラチン・シルバー・オリジナル・プリント、年代未詳（岡田紅陽撮影）。

「軍機」すなわち軍事機密とみなされることになった。民間人は気象データの「探知、収集、遺漏」をしてはならない。そうした法律が近々施行されるであろうことを見越した上で、指導的な立場にあった藤原咲平が正直に転身を進めたのかもしれない。

この頃から、論文抜き刷りなどの印行物に「マル秘」の朱印が捺され、見返しに「注意」を冠したシールが貼られるようになる。曰く、「本書ハ軍事上秘密ヲ要スル気象上重要ナル事項ヲ含ムヲ以テ之ヲ厳重ニ保管其ノ保管状態ニ変動ヲ生ジタル場合ハ遅滞ナク発行者ニ報告シ用済後不用トナリタル場合ハ直チニ発行者ニ返却スベキモノトス」。

一九二九（昭和四）年の初版後、以来幾度も版を重ねた『雲』が、改訂版の出版にあたって、正直の山雲写真を多数採用するに至ったことは先述の通りである。学術研究における帝大の権威を考えるなら、伯爵家の当主とはいえ、市井の一研究者から「官」営組織が、気象観測の、とくに基礎データの提供を受けるのは実に異例のことであった。

帝大教授の藤原は陸軍の「嘱託」の立場にあったことから、「盧溝橋事件」をきっかけに陸軍が「総動員法」の必要性を強く唱えていたことを承知していた。したがって、藤原にとって想定内のことだったのであろうが、第一次近衛内閣は国会での激しい論戦を経て、一九三八（昭和一三）年四月一日に「国家総動員法」を公布し、翌年七月八日にその法律を根拠として「国民徴用令」を勅令として施行するに至った。国民一人一人が国のために働かなくてはいけない、そのように「時局」が声高に叫んでいたのである。

伯爵家の当主ではあったが、国民の一人として正直も例外でなかった。無給の「気象観測事務職」に就いていた正直は、一九四一（昭和一六）年一月四日から「産業気象課技師」として勤務することになった。「嘱託」と違う、初めての常勤職であった。一月九日、五十歳の誕生日が初出勤日となった。日記にはこうある、「本日は余の誕生日で有り、又本日より気象台に出勤することとな

40
34
33
21
24
30
27
26
23
22
1'—10'
10'—32'
32'—87'
123'—163'

った。初めて身に適した生活を始める事が出来、感謝の気持に溢れた」。

実直な正直は、以後毎日、麹町区元衛町の気象台へ通うことになった。そのため、御殿場での観測業務は研究所で「嘱託」の身分にあった次男の正庸（一九二〇―）に委ねられた。

一九四一（昭和一六）年五月七日には「大日本航空技術協会研究員」の資格も得ている。

中央気象台に「技師」として勤務を始めた正直は、御殿場、船原、日野春、長坂、高崎、伊香保、小海線沿線、上諏訪、箱根の各地を訪れ、八ヶ岳、駒ヶ岳、浅間山、赤城山、観音山の山雲を写真に収めている。確証はないが、山岳の気流に関するフィールドワークをおこない、航空機の安全運航に役立てようとしていたのかもしれない。もちろん、「時局」を顧みるに、軍部の要請を受けてのことだったということもあり得る。

一九四一（昭和一六）年七月三〇日、藤原咲平は中央気象台の「台長」に就任

図版五七　阿部正直撮影「三十五ミリ・シネフィルム」ストック箱二種、年代未詳。

した。同年九月、中央気象台が日食を観測するため、五人の技師・技手を当時「外地」とされていた台湾へ派遣することになり、正直も「気象技師」として観測班員の一人に選ばれた。正直の研究課題は日食と雲の関わりにあった。「日射が直接雲に及ぼす影響」について、である。皆既日食のさいに雲が及ぼす影響はいかなるものか、雲の動き、濃度、雨滴、雨量などとの関わりという観点から、日食と雲と雨の、三者の相関性に関するデータを取ろうというわけである。

観測班は、「雨滴自記器」「地磁気照度計」「写真経緯儀」「全天写真機」のほかに、三十五ミリのシネカメラ「セプト」、十六ミリ撮影機、ライカ、スーパー・シックス写真機を携えて台湾に渡り、一九三八（昭和一三）年以来、「総督府気象台」の傘下にあった台北測候所と、そこから六百五十メートルほど離れた大屯山測候所の二地点で、二班に分かれて調査をおこなっている。課題は雨と雲からみた皆既日食現象の観察であった。そのため、天気が悪くなることを願っての気象観測という、頗る奇妙なものとなった。

九月二二日の当日は、午前一一時から「写真経緯儀」は十分間隔で、「全天写真機」は十五分間隔で、十六ミリ撮影機は五秒間隔、三十五ミリ撮影機は十秒間隔で、それぞれシャッターを切るという、事前に決めた段取りに従って、午前一一時から刻々と変化する雲の状態がシステマティックに記録されていった。

皆既日食は午後一時四分頃にやって来た。その刻の到来とともに空が俄にかき曇り、雨が降り始めたという。日食が進むにつれ「積層雲」と「積乱雲」が発生し、それと同時に日射量が急激に減少してきた。結果、雲の表面温度が低下し、冷雨が降り始めた。まさに当初予想していた通りの現象を捉えることができたのである。

「日食前少なかった頭上の層積雲が日食の進むにつれて一杯に拡がり回復するにつれまた少なくなり大屯山の層積雲は遂に雨となりこれこそ思う壺であり

南方の積乱雲は食甚のとき全部なくなり、復円後再び現れ東南方の積乱雲は頭の方から下って来た全く申し分のない変化であった」と九月二三日付の『大阪毎日新聞』は報じている。

皆既日食が起こると、日射量が急激に低下し、雲の表面温度が下がり、雨を降らせる。その仮説を立証するために考案されたのが「地形日照計《トポヘリオメーター》」であった。日照時間を計測する道具を使うと、縦十四センチ、横十九・九センチの紙に感光性媒材を塗布した紙すなわち、「青焼き」に一日の記録が残される。感光シートの上に残された線条痕は、時間の経過を示している。一九四五（昭和二〇）年五月二一日から三一日までの観測記録が残されている。

正直の仮説は台湾の日食観測で見事に実証された。日食時における雲の変化を本格的に観測したのは、世界で初めてのことであった。台湾での観測の結果は、観測地の名前を伏せたかたちで『気象輯誌』第二輯二一巻一二号に発表されている［図五八上］。

台湾での調査のさい、正直が個人的に持参したものがあった。「ヒルズ・クラウド・カメラ・百八十度」と命名された全天写真撮影用魚眼レンズ・カメラがそれである［図五八下］。ケンブリッジ大学の生化学者ロバート・ヒル（一八八九―一九九二）が雲研究のため、一九二四（大正一三）年に開発し、特許を取得していた魚眼レンズで、ロンドン中心部のモーティマー・ストリートにあった光学機器製造会社「ベック商会」が売り出していたものである。用途が特殊であることから、当時としても、きわめて高価なレンズであった。正直はその特殊レンズを、一九三〇年の二度目の海外旅行のさいに現地で購入して、持っていたに違いない。

場所を特定することはできないが、一九三二（昭和七）年五月九日の午後四時三〇分、正直は上空に広がる「波雲」を視界百八十度のレンズで撮影した。使われた魚眼レンズは、正直が二年前にロンドンで購入した「ベック商会」の製品であった。レンズの口径に合わせて平たい暗箱を造り、そこにブローニー判

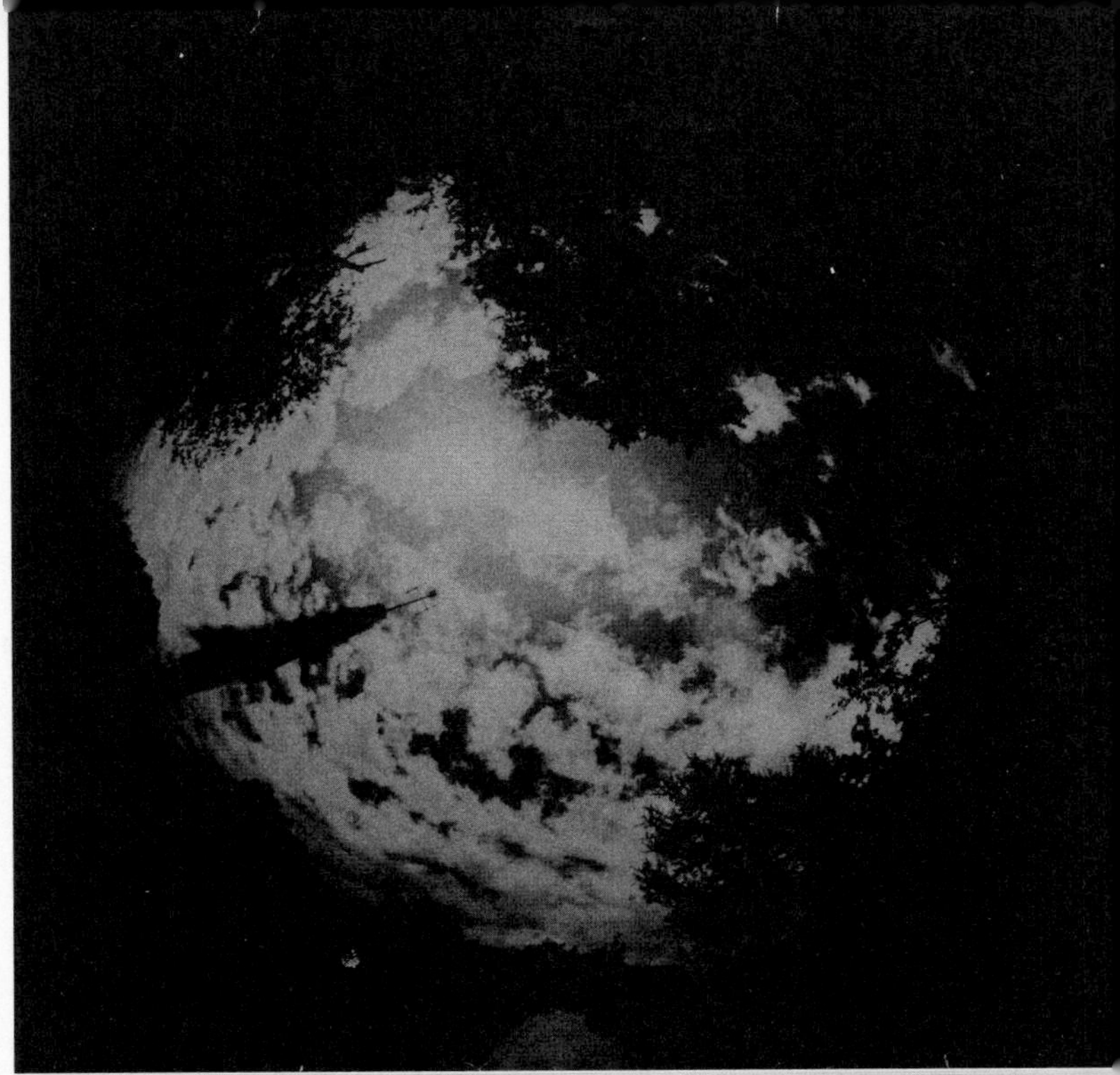

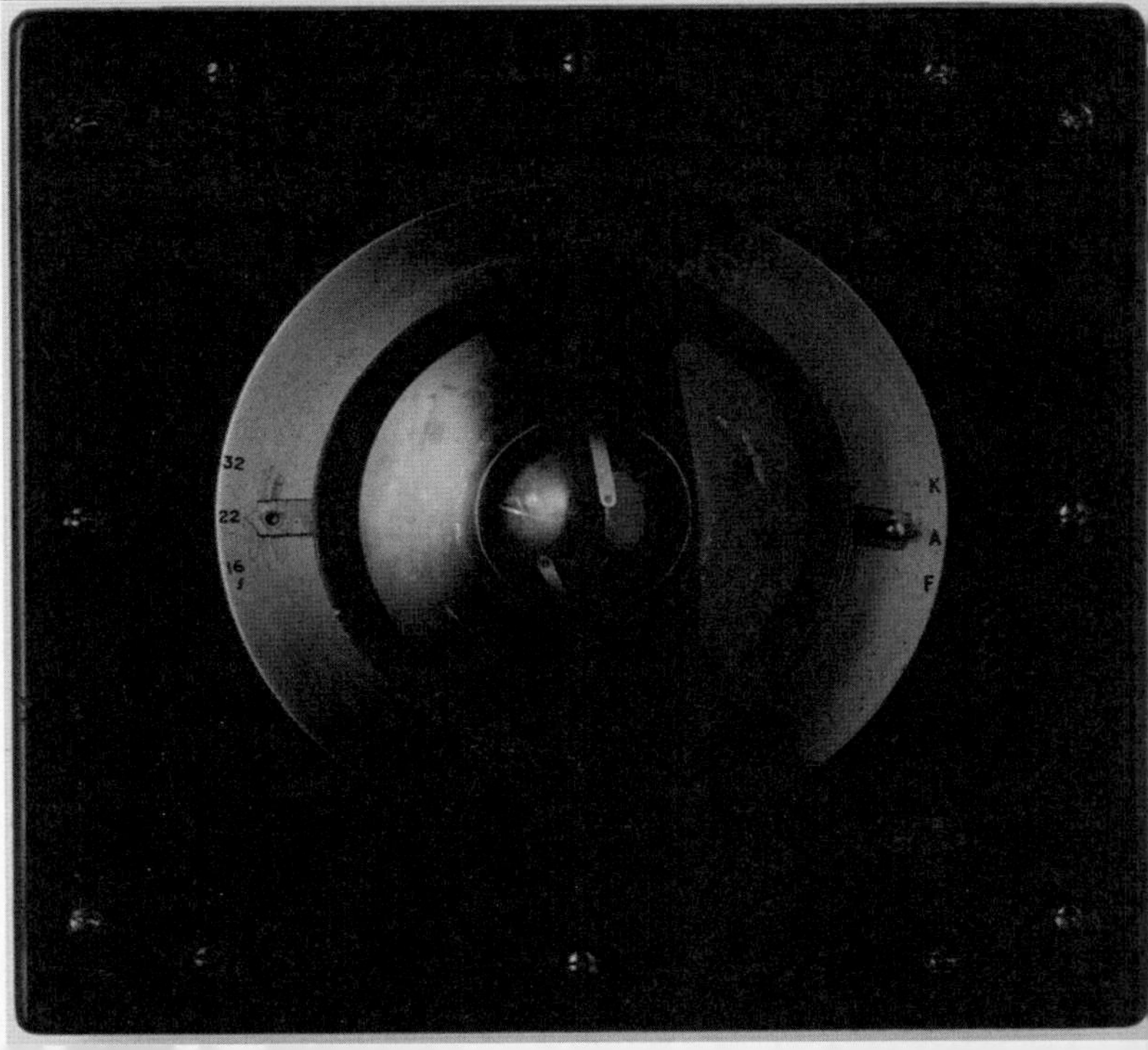
32
22
16
K
A
F

のフィルムのフォルダーを装着するように設えた特殊カメラを、正直は自製していたのである。「大口径レンズの一面に凹みをつけ、少し隙間をおいて、球形に近い曲面をもつ魚眼レンズをはめ込んだものを使った。水平面以上がすべて映り込み、地上の物体は円形の周囲に沿って展開する。雲の多い側が西、少ない側が東である」と正直は書いている。確証はないが、「魚眼レンズ」を使った「全天写真」は、そのときが初の試みだったのではなかろうか。そのときの経験を踏まえ、台湾でも全天空写真を試みたのである。

昭和一〇年代も後半に入ると、正直の約二十年間に及ぶ研究が、社会的に高く評価されるようになった。一九二八（昭和三）年の英語論文「気流の渦に生じた廻り雲の活動写真に依る研究」、一九二九（昭和四）年の邦語論文「活動写真に依る雲の動きから見た富士山の気流」、一九三二（昭和七）年の邦語論文「気流実験に依る富士山頂の風向に就て」の三報は、『気象輯誌』に発表された初

図版五八―（上）「全天写真」、台北、ゼラチン・シルバー・オリジナル・プリント、一九四一年九月（阿部正直撮影）／（下）英国ベック商会製全天写真撮影用魚眼レンズ「ヒルズ・クラウド・カメラ・百八十度」を加工した阿部正直自製カメラ。

DISTRIBUTION AND MOVEMENT
OF CLOUD AROUND MT. FUJI
STUDIED THROUGH
PHOTOGRAPHS
COUNT MASANAO ABE
THE ABE CLOUD AND AIR CURRENT
RESEARCH OBSERVATORY

With the author's Compliments.
Mountain Clouds, Their Forms
and
Connected Air Current
By
MASANAO ABE
Reprinted from
The Bulletin of the Central Meteorological Observatory of Japan.
Volume VII. No. 3.

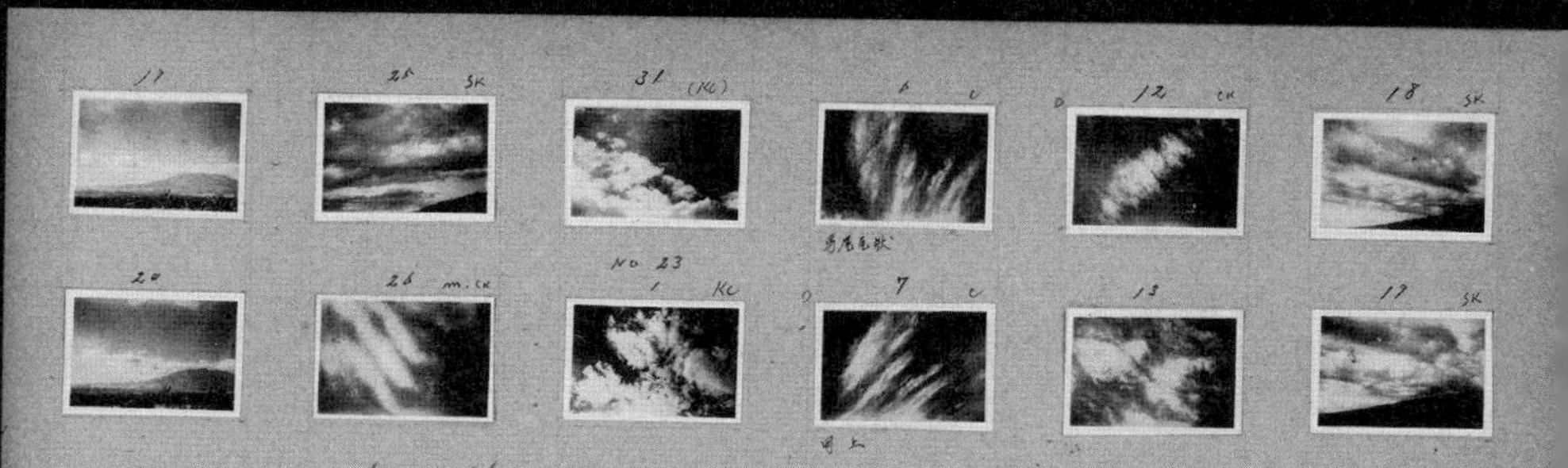

期論文である。一九三七（昭和一二年）四月三〇日に中央気象台から発行された報告『写真を通した富士山周辺の雲の配置と動きの研究——富士山近傍御殿場の雲気流研究所における一九三二年七月から一九三三年八月までの』は欧文第一著作であり、当該期間における観測データ、観測の方法、観測の道具、実験の記録が四百六十八頁に纏められている。その大著は収集した基礎情報のデータブックとなるよう意図されたものであった［図五九左上］。

正直は一九四一（昭和一六）年一〇月一三日の日付で、東京帝国大学から「理学博士」の学位を授与されている。風洞実験の成果を纏めた欧文第二著作『山

図版五九—（左上）阿部正直伯爵著『富士山周辺の雲の配置と動き』、阿部雲気流研究所（Count Masanao Abe, *Distribution and Movement of Cloud Around Mt. Fuji Studied Through Photographs, At The Abe Cloud and Air Current Research Observatory*, Gotemba, Near Mt. Fuji. July 1932 to August 1933）／（右上）阿部正直著、中央気象台欧文報告『山雲の形と気流』第七巻三号（抜き刷り）、東京、中央気象台（Masanao Abe, Mountain Clouds, Their Forms and Connected Air Current, Reprinted from *The Bulletin of the Central Meteorological Observatory of Japan*, Vol.VII, No.3, Tokyo, 1941）／（下）「雲」（仮題）、ゼラチン・シルバー・オリジナル・プリント、三十五ミリ・フィルム・コンタクト・プリント、アルバムに貼り込み、一九四二／四三年（阿部正直撮影）。

雲の形と気流』が学位論文として受理されたのである［図五九右上］。正直が学位記を受け取ったのは二〇日のことであった。同日の日記にはこうある、「本日理学博士の学位を授けらる。母上のご希望に添ふ事が出来た。右の学位記を早速母上の霊前に供へたり」。

それまで、山雲研究に没頭していた長男正直に、小言めいたことを言うことのなかった母篤子であったが、七十歳を過ぎた頃から、せめて博士号でも取れないものか、と漏らすようになっていたという。たしかに、学位記の日付をみると、母篤子の存命中に学位が取得できたことになってはいる。しかし、学位記を見せることは叶わなかった。授受の五日前に母が亡くなってしまっていたからである。

正直の遺産のなかには、「母上へ」の添え書きのある学位論文が残されている。資料と外函と見返しに「御母上様」との自筆献呈辞がある。しかし、それに続く言葉はどこにも見あたらない。空白として残された紙面から、母への思いを推し量るしかないのである。なお、博士論文は『山雲の形と気流』の表題で、前掲書の補遺巻として一九四〇（昭和一五）年に私家版として出版されている。

■戦後を生く

正直は一九四二（昭和一七）年一月二四日に、「気象技師高等官四等」を拝命している。一九四二（昭和一七）年一月から四三年一月に亘るアルバムには、三十五ミリ・フィルムの密着プリント五百二十八枚がびっしりと貼り込まれている［図五九下］。随所に場所や時間や撮影間隔など、データが書き込まれており、国内各所でシステマティックに連続写真とステレオ写真の撮影を試みていたことがわかる。

一九四四（昭和一九）年三月三一日には「気象技師高等官三等」に昇進し、翌年三月一日には「中央気象台御殿場臨時出張所長」を兼務するまでになった。さらに同三月三〇日付で、「中央気象台研究部長兼研究部気象物理研究室長事務取扱」を拝命している。中央気象台の研究部長という、気象行政機関内の学術部門のトップに立ったのであった。

正直は一九四四年六月一日に「運輸通信大臣賞」を受け、翌年六月一二日には帝国学士院より、「山雲の研究を開拓して気象学上に重要なる貢献をなしたと同時に、又航空上極めて実効ある知識を供給し、実用上にも寄与する所大なもの」と評価され、「伯爵鹿島萩麿記念賞」を授与されている。「雲の博士」であることが公に追認されたのである。

太平洋戦争が始まると、軍部からの依頼を受け、航空関係の軍属士官を数百人も、御殿場の研究施設で見学会に受け入れるようになった。また、研究用に制作した映画『富士山の雲の動き』を軍関係機関に貸与することもあった。本土防衛が必要となるような万一の事態が生じたさいに、帝都に近い富士山周辺の気象データが必須のものとなろうことを軍部は見越していたからである。

あらかじめ想定されていたことでもあったが、ほどなくして御殿場の施設は「軍機保護」の名目で閉鎖に追い込まれた。一九四五（昭和二〇）年六月には、本郷西片町の本邸にあった分室もまた活動停止を余儀なくされた。一四日には所員一同が集まり、当面する事態を確認し合い、翌々日、御殿場への疎開が実行に移された。もっとも、以後もなお、正直は東京と御殿場をしばしば往き来していたのであるが。

一九四四年一月一日から翌年一一月一一日まで綴られた日記帳によると、一九四五年八月八日から一三日まで、正直は東京に出ている。一四日、御殿場に戻った正直は、一五日正午、終戦の詔勅を聴くことになった。

昭和二十年八月十五日

正午講和条約に関する詔勅あり、聖上御自ら報道拠を通して御放送有り、

かしこき極みなり
大戦の結果原子爆弾の発明に依り講和の止む無きに至りしハ日本国として忍ぶ可からざる事ながら、小我を捨てゝ大我に活きる意味に於て、国を救ふ為めにも致し方無シ
陛下に於かせられても国民の事を御軫念あらせられしの御裁断にて畏き事なり、吾等臣民としては御聖旨に添ひ奉り一層努力を致さざる可からずと感ずる次第なり

国がため忍び難きを忍びても
　君に仕ふる誠なるらむ
敵を打つ鉾を進むも納むるも
　道に二つは無かりけるかな

御殿場での活動は、終戦から一ヵ月ほどした、一九四五（昭和二〇）年九月二

○日に再開された。もっとも、敗戦を機に生じた心の揺らぎは、観測活動に変化をもたらした。
終戦から間のない頃の写真は、三十五ミリのハンディ・カメラを使って雲だけを撮影したものであった。場所を決め、三脚を立て、キャビネ判箱形カメラで撮影していた戦前の写真を知る者の眼に、それらはまったく別物に映る。撮影の意図も対象も定かでない。焦点の定まらぬスナップ・ショットと化しているからである。戦前の「軍機保護法」のトラウマとでも言うべきであろうが、何か「情報」として有意であることを、避けようとしていたようにも見受けられる。

そればかりでなかった。都心の一等地にある阿部邸に「連合国最高司令官総司令部」（GHQ）が眼をつけたのである。一九四六（昭和二一）年春、「連合国最高司令官総司令部情報局」の求めに応じ、正直は三月二七日付で英文の「阿部正直伯爵略歴」を提出している。その三日後のことであった。「連合国最高司令官総司令部住宅調査部」から一通の手紙が届けられた。「進駐軍による住宅接収に関する通知」とある。阿部家にとっては、まさに青天の霹靂であった。

四月五日というから、進駐軍からの手紙を受け取ってすぐのことである。正直は「気象技師阿部正直」の名前で「連合軍最高司令部マックカーサー閣下」宛に英文の嘆願書を書き送っている。阿部家の本邸は気象台の研究室としても使用しているので接収しないで欲しい、という願いであった。

おそらくはその嘆願書が契機となったのであろうが、正直は「連合国最高司令官総司令部」のジェローム・A・プリベル大佐（生没年未詳）と英文で書簡のやり取りを始めている。大佐は司令部の気象担当であった。そのため、正直の研究の意義を理解することができたのかもしれない。プリベル大佐は、正直が制作し、軍部にも提供されていたフィルム『富士山の雲の動き』を提出するよう要請している。すぐに見つからなかったのか、急いで探してみます、との返信を正直は認めることになった。

正直の手許には英文の「一九四六（昭和二一）年五月九日の日食観測計画」なる資料も残されている。それは進駐軍から調査の許可を得るためのものであった。礼文島の起登臼付近で「金環皆既食」の、しかも「ベイリー・ビーズ」をともなう完璧な日食現象が観られるはずである、というので進駐軍関係者を含む観測班が現地を訪れることになっていた。正直は助手の久保青鳥らを随伴させ、五月九日の当日、北海道の館野で皆既日食時の雲をコマ撮りフィルム撮影している。使われた撮影機材は、ヒルの全天写真用レンズに補助凹面レンズを取り付け、焦点距離を伸ばし活動写真のフィルム上に焦点を結ばせるよう工夫したもので、台湾ですでに実証実験をおこなっていたものであった。撮影された「全天活動写真」は、翌年一月発行の『気象輯誌』第二輯二八巻一号に、機材の図解とともに発表されている。

一九四六（昭和二一）年五月一〇日の日付のある「連合国最高司令官総司令部」からの書簡も残されている。「過日実施セラレタル家宅調査ト関連シ貴宅ヲ検分セントスル」とあり、おそらく気象関係者の協力を得て本邸の接収を免れることができたのではなかろうか。

正直が精神的な安定を回復したのは、同年の一一月に入ってからのことであった。七日には「笠雲」を撮影し、一八日、二一日にも撮影をおこなっている。以後、翌年一月から年末にかけ、ほぼ毎月のように三十五ミリ・カメラでの撮影は続けられた。

中央気象台での勤務も継続していた。研究部長職を経て、一九四七（昭和二二）年四月三〇日、杉並の中央気象台馬橋分室にあった研究部が「中央気象台気象研究所」へ改組されるにともない、そこの初代所長に就任することとなった。終戦直後の窮乏時には、研究所の公用車として自身の車を運転手ともども提供するなど、二年間に亘り気象台の再建に尽力している。正直は同僚から尊敬を集め、初代の研究所長として長く記憶される人物となった［図六〇左下］。

一九四九（昭和二四）年、ついに「阿部雲気流研究所」は活動を停止した。翌年、五十九歳になった正直は、六月二九日、「気象技師高等官一級」に陞叙され、翌日、「中央気象台気象研究所」を退職している。公職を離れた正直は、閉鎖されていた「阿部雲気流研究所」の活動再開を目論むも、経済的な困窮は如何ともし難く、やむなく施設を放棄せざるを得なくなった。観測機器がすべて外され、建物は「立ち腐れ」状態になった。

類稀な資産を保持してきた阿部伯爵家が経済的な困窮に苦しめられるようになった原因ははっきりしている。一九四六（昭和二一）年一一月一一日制定の「財産税法」の施行により重税が課せられたことと、一九四七（昭和二二）年五月三日の「日本国憲法」の施行により「華族制度」が廃止されたことが、大打撃となったのである。「財産税という名目で財産の大部分は没収の形となり、西片町の土地も一部は出来るだけ売却して残りは物納してしまった」。

阿部家は「超過累進課税法」により総資産の九十パーセント近くを税金として納付せざるを得なくなった。そのため、大邸宅の一部を残し、それ以外の土

呈阿部所長殿

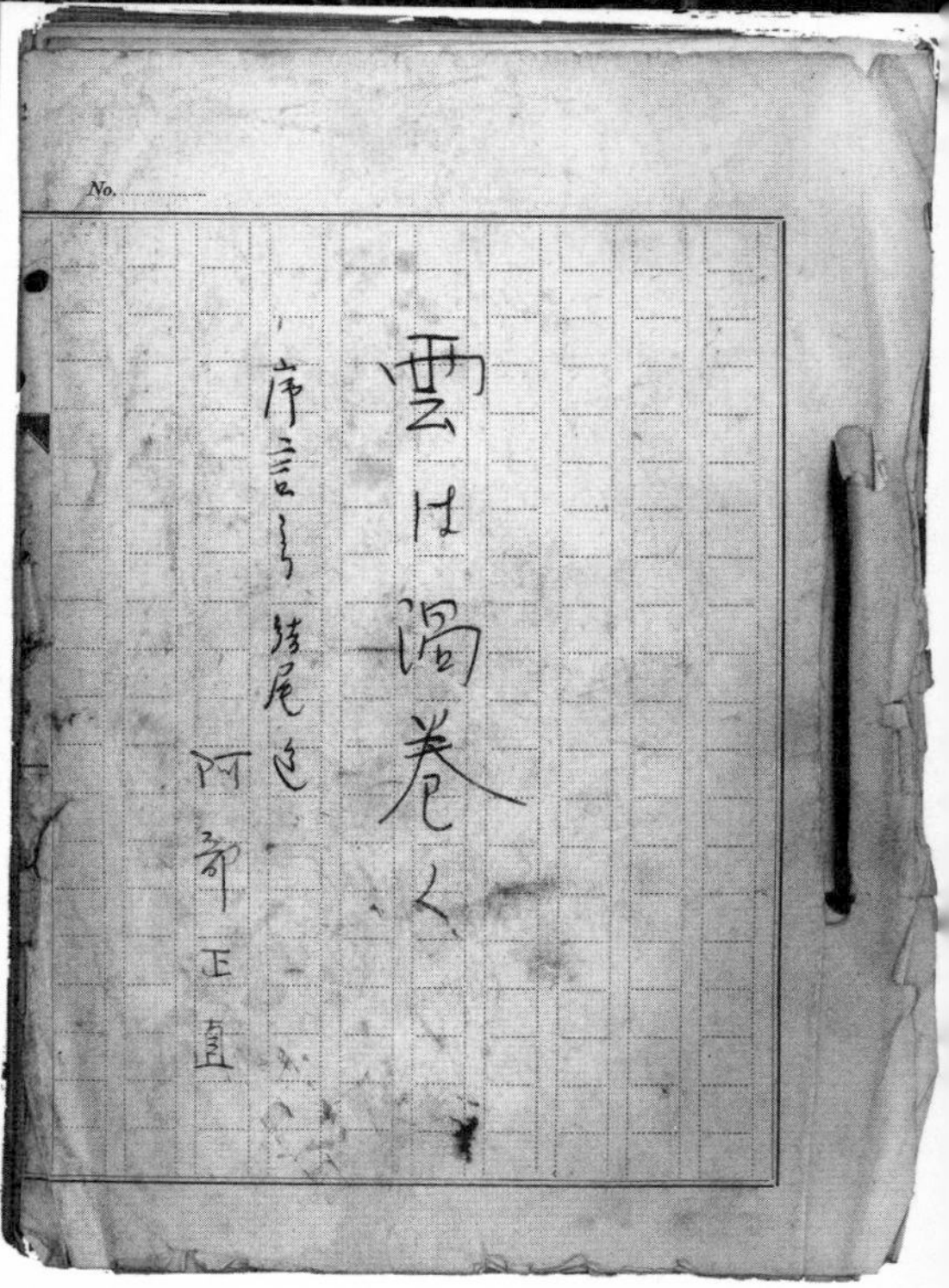
No.
雲は渦巻く
序言より結尾迄
阿部正直

地とコンクリート造二百八十坪の本邸を、やむなく「国土計画」へ売却した。それにより、「丸山御殿」はホテルに姿を変え、阿部家は一千万円近い現金を手にした。しかし、利子収入だけではとても生計を維持できなかった。預金の減少は「水樽の底に穴があいているようで止まる処をしらない」。阿部家当主の正直もまた、急激なインフレに苦しめられていたのであった。

株式投資、会社融資などを試みるも、どれも失敗に終わった。そこで多少なりと経験のある写真技術を生かせないかと考え、一九四八（昭和二三）年に知人を誘って写真スタジオを始めた。「鷹ノ羽写場」の看板を掲げ、独立を果たし、新宿三越にポートレート・スタジオを開設するまでになりはしたものの、五年ほどの経営に終わった。もちろん、初期投資を回収するまでに至らぬまま、廃業を余儀なくされたのである。

一九四九（昭和二四）年、阿部家は鎌倉の浄妙寺の山門前に転居している。一

図版六〇―（上）阿部正直自製「天文台」、鎌倉、浄妙寺自邸、ゼラチン・シルバー・オリジナル・プリント、アルバムに貼り込み、一九四九年（阿部正直撮影）／（右下）阿部正直自筆原稿「雲は渦巻く」、一九六〇年代／（左下）「呈阿部所長殿」、和紙に墨、一九四八年一一月一一日（制作者未詳）。

九五〇（昭和二五）年、正直は岩波書店編集部の依頼を受け、岩波写真文庫『雲』の監修をおこなうことになった。岩波写真文庫は一般向けのモノグラフィとして知られ、三百冊以上の刊行を達成した叢書である。廉価であったことから、荒廃した戦後の日本における教育啓蒙書として大きな意味をもった。正直監修の『雲』は一九五一（昭和二六）年一月二五日に出版されている。

勝俣竜哉氏の紹介する通り、一九五二（昭和二七）年九月一九日付の『静岡新聞』には、「研究施設に荒さぶ税金旋風、雲気流博物館売物に」の見出しの記事が掲げられている。「財産税」旋風のあおりを受け、研究所は一九四九（昭和二四）年から閉鎖された。その後しばらく住み込みの管理人夫妻の手で「雲気流博物館」だけは開館が維持されたものの、一九五二年、ついに「阿部雲気流研究所」本館が売りに出されるのにともない、博物館もまた立ちゆかなくなったというニュースである。

二年後の一九五四（昭和二九）年一一月の新聞報道によると、「中央気象台富士山測候所」と御殿場町役場に管理を申し入れるも、辺鄙《へんぴ》な場所にあるとの理由で受け入れを断られたという。

一九五六（昭和三一）年一二月一四日の『東京新聞』は、「阿部雲気流研究所」の有する世界的に貴重な資料が、長期に亘って忘れ去られたまま放置されており、「宝のもちくさり」であると報じている。もっとも、正直の資料体がどの程度の量に上っていたのか、その総量を見極めるのは、当時から容易でなかったはずである。一九五〇（昭和二五）年七月の新聞報道によると、「阿部雲気流研究所」に眠る映像資料は七万フィートに及ぶとある。一九五七（昭和三二）年にはそれが八万フィートに増えている。浄妙寺の自宅に移されていた数千枚の未整理フィルムが加えられたのかもしれない。

ただし、一九五四（昭和二九）年の報道によれば、立体写真一万枚、三十五ミリ・スタンダード・シネフィルム一万二千フィートとなる。正直の残した雲の動画像はどれも、五秒、十秒のコマ落としで撮られたものであり、三フィートの長さに十五分ほどの「リアル」な時間が収録されている。したがって、残されたシネフィルムには気の遠くなるような時間が内包されていることになる。一九六八（昭和四三）年、研究所はついに廃館となった。

正直は、一九五五（昭和三〇）年三月に一念発起し、再起を図った。岩波写真文庫の出版に携わったことが契機となったのかもしれない。正直は本郷西片町に一部残されていた土地に私立阿部学園を創設し、自ら附属幼稚園の園長となり、幼児教育活動へ力を注ぐことになったのである。

折からの「ベビー・ブーム」であった。幼児対象とはいえ教育事業は、藩校「誠之館」を興し、「誠之小学校」を創設するなど、教育の支援に積極的であった実家の家訓に適うものである、と正直は自らを納得させていたのかもしれない。その証だったのであろうが、幼稚園のエンブレムには、阿部家の家紋「鷹の羽」と自らの干支「卯」が組み合わされた。開園時四十名ほどの幼稚園も、時勢の後押しがあって二年後には、九十五名の入園者を数えるまでになった。

先に十代の頃の写真アルバムを紹介したが、その折り帖を逆側から開くと、当時の正直の生活を窺わせる写真が貼り込まれている。写真の一枚一枚にキャプションが賦されているのは、十代の時分と同じである。目次に「二四年以降」とあるのは、一九四九（昭和二四）年から後の意であろう。とすれば、本郷西片の大邸宅を離れ、鎌倉の浄妙寺へ引っ越してから後のもの、ということになる。

最初の三枚は日曜大工で造った三種の「兎舎」の姿を捉えたものである。二枚目はタツノオトシゴのかたちをした手彫りの「帽子かけ」。次の二枚は「深い穴に落とした物を取り上げる装置」である。弟の正之が建設中の園舎のコンクリートの穴に腕時計を落としたさい、必要に駆られて考案したものだという。正之はそのおかげで首尾よく時計を救出できた。そのせいもあろうが、このブリキ製の「物品釣り上げ装置」を自分としては満足のゆくものであったと『遺稿集』に書いている。この装置の基本原理は、現代でも海底探査に用いられて

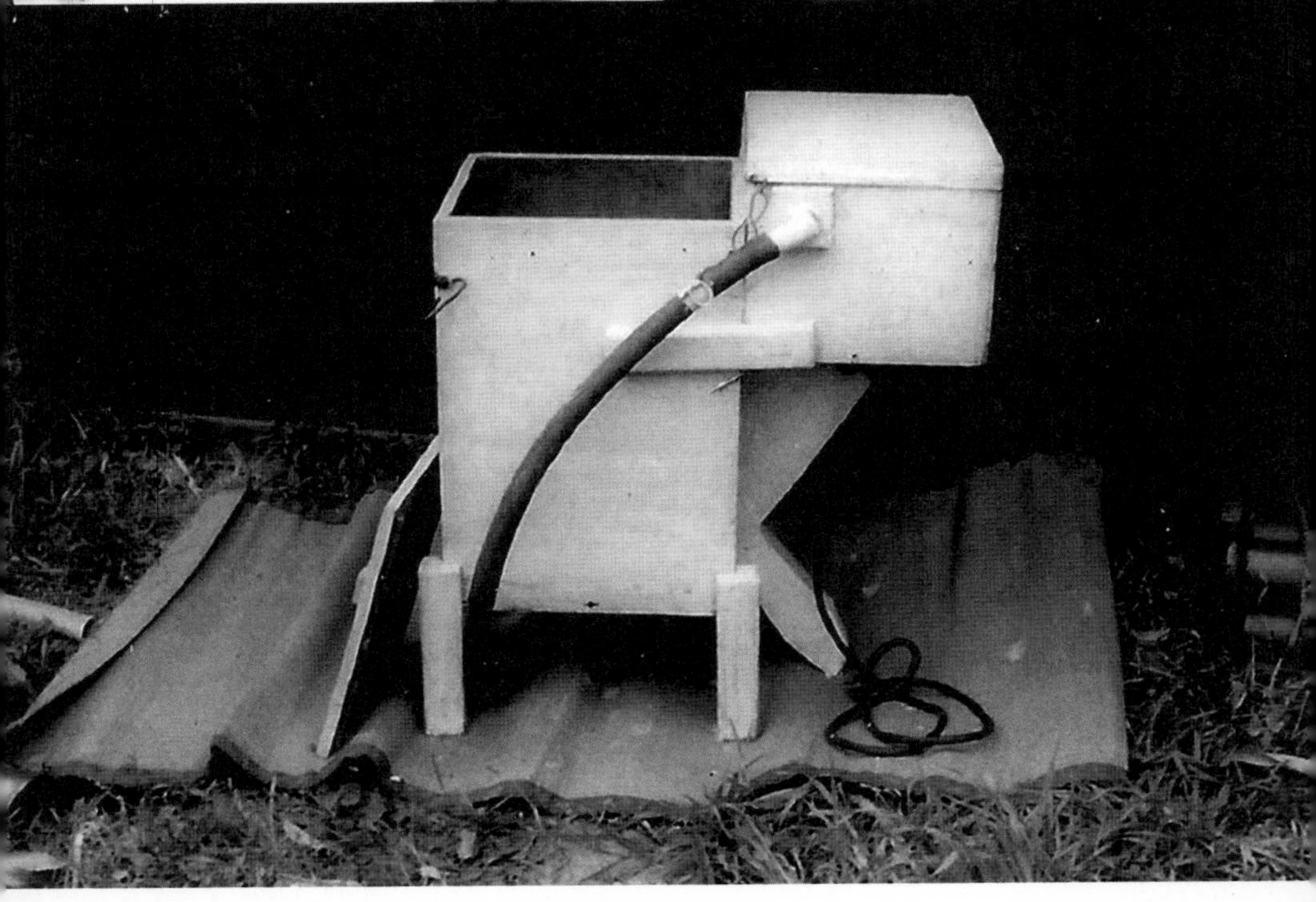

いるサルベージ装置と同じである。次の二枚は「塵埃焼釜」とある。これは現代のゴミ焼却炉そのものと言える。

次の三枚は「洗濯機」である［図六一］。木製の洗濯槽の脇に電動モーターが取り付けられている。国内における電気洗濯機の出現は、一九三〇（昭和五）年に東京芝浦製作所が攪拌式洗濯機「ソーラー」を販売したのが最初とされる。正直は古くなった電気掃除機の再利用を考えた。空気を吹き込んで、洗濯槽をかき回す。それが正直の考える電気洗濯機であった。

自らが園長を務めていた幼稚園では、園児たちのためにヒーターの熱を利用して弁当を暖める仕掛けを造っている。さらに、幼稚園の「炭小屋」「塵埃焼却装置」、鎌倉の自宅の「池と地下水計」「木柵」「炭小屋」「ポンプカバー」「材木置場」「棚」「屋根下張」と、老境を迎えようとする時期にあっても衰えを知らぬ、正直の家庭内工作の歩みが跡づけられている。

鎌倉浄妙寺の家には「物置」だけでなく、「天文台」まであった［図六〇上］。

図版六一（上）阿部正直自製「洗濯機」／（下）同上、ゼラチン・シルバー・オリジナル・プリント、アルバムに貼り込み、一九四九年（阿部正直撮影）。

ブロックで円形の基礎を築き、その上に三角形の屋根を載せた建物であった。屋根は観音開きになっていた。建物本体もまた自由に回転する構造になっていた。小型ではあったが、実に本格的な「天文台」であった。

園長在職中の一九六六（昭和四一）年一月一日、正直は心筋梗塞で七十四歳の生涯を閉じている。没後二ヵ月ほど経った三月五日午後二時一五分、英国航空九一一便のボーイング七〇七型機が富士山上空の乱気流に巻き込まれ、御殿場口登山道付近に墜落するという大事故が起こった。その原因究明にあたった米空軍将校が、富士山上空の雲と気流のデータを求めて御殿場を訪れたと言われる。正直の残した観測データは、今の言葉で言う「気象のビッグデータ」として、唯一無二のものだったのである。

正直没後、中央気象台の後輩清水良策氏の編集で一九六九（昭和四四）年一一月に遺稿集『つるし雲』が出版されている。その「序文」には、死の前日の一九六五（昭和四〇）年一二月三一日の日付がある。没する一年ほど前から、自伝を出版したいと考えていたのである。四百字詰め原稿用紙九十三枚に纏められた原稿『雲は渦巻く——序言より結尾迄』を見てもそうであるが、正直は執筆にあたって幾度も推敲を繰り返している［図六〇右下］。紙誌に寄せた記事や随想など、とくに晩年の簡明にして清く澄み切った文体は見事である。

富士山の近くに不思議な形の雲形を発見したことがある。その形は鳥が飛んでいるように見えたが、しばらく見ていると、上部の羽に相当する部分が消えて、胴の部分が次第に変形してゆくのを感じた。雲は莢状雲に属するもので、富士山の吊し雲の一種のように考えられたが、どうしてこのような珍しい形のものが出来たのか、想像に絶したものであった。これを駒落しにしてその動きを調べると、雲の粒がその雲塊の下方に発生して右へ水平に伸び、つぎに左方へ半円を描きながら進み、上方を迂回して消えているのである。その雲粒がどうして上記のように動くかを調べた結果、その進路は螺旋形で、それを斜めに下から（カメラの仰角）見上げた時の形であることが明らかになった。雲の形は螺旋形に回転しながら昇っている雲の粒から成る継続的な雲片から出来ていたのである。

発見があり、設問があり、解析があり、結果が示される。「雲を摑むような話」という表現があるが、正直は富士の山雲と対峙してきた経験を生かし、その移ろいやすい雲について記述してみせた。ごく短い文章ではあるが、科学的精神の紡ぎ出す文体の極致に到達したように見える。正直の文章の背後には、山雲を凝視し続けた視覚的な体験と、コマ落としフィルムと写真プリントを使っての視覚的な分析と、さらには自宅の風洞実験装置を駆使しての流体科学的な実験結果といったものの蓄積があったことを理解すべきなのである。

■おわりに

一八九六（明治二九）年、「国際雲委員会」の主導で『国際雲図帖』が出版され、「国際雲年」が制定された。その「雲の科学」の黎明期に、阿部正直は少年時代を過ごした。一八九八（明治三一）年、両国の料亭「二洲楼」で「ヴァイタスコープ」上映会が開かれることになり、八歳の阿部正直は、父親に連れられてその場に立ち合い、「カツドウ」を観ることになった。爾来、阿部正直は実体の定かでない、動く映像の魅力に取り憑かれたのである。

そうした幼年期の体験が動因となり、阿部正直は富士山周辺をフィールドに、雲の発生過程と気流の発生動態との関係の解明に生涯を費やすことになった。大判箱形カメラによる静止画の写真撮影に始まる研究は、ステレオスコープによる立体写真、フィルム撮影機による動画映像記録、コマ落とし映像記録、遠隔する二地点から撮影された立体動画映像記録、さらにはそれらを同時並行的にコントロールできる立体動画撮影装置の開発とその立体動画上映方法の考案へ、段階的に発展していった。しかも、その展開プロセスはイメージ探求に終わらなかった。日時、気圧、天候、緯度経度など、気象学の必要とする厳密なデータをともなっており、科学的な記録データとしても完璧なものであった。

阿部正直の先駆性は以下の三点に約言できる。第一は、雲の生成原理を解明するフィールドとして、円錐形の理想的な山容をもち、標高が高く、周囲に夾雑物のない富士山が最適であると看破したこと。これは雲の生成と気流の動態の関係を解明する上で、海外の研究者のもち合わせぬ見事な着眼であった。第二は、一九二七（昭和二）年に私財を投じ、御殿場諸久保に、富士山頂の雲を観測、撮影するための「阿部雲気流研究所」を創設し、変化する雲のコマ落とし映画撮影、立体写真・立体映像撮影など、多様な映画的手法を駆使した雲研究技術を開発したこと。第三は、富士山の気象や気流の観測データ、さらには地形模型を用いた風洞実験をおこない、様々な雲の発生プロセスと形態変化を空気の流れの状態変化から説明したことである。

「クラウド・スタディーズ（雲研究）」において写真の利用が有効であることは、十九世紀後半以来、各国の研究者間ですでに知られていた。しかし、映画手法、とりわけコマ落とし撮影と立体映画撮影をそれに用いるという着眼は、理化学研究所の先達たちの助言があったといえ、気象学の分野において世界最初のオリジナルな創案であった。

また、山雲のシステマティックな分類命名法においても、阿部正直は独自の提案をおこなっている。一九三九（昭和一四）年に発表された「富士山の雲形分類」のなかで、気流状態を基にした七分類、雲粒動態を基にした十六類型を確定し、さらにそれらの下位分類まで抽出している。とくに「笠雲」と「吊し雲」が関心を惹いたようで、前者について二十種、後者については十三種の分類を試案として提出している。

同時代の人々から「長く記憶される人」として敬意をもって遇されてきた阿

部正直であるが、意外なことに、その誇るべき業績は近年に至るまで顧みられることがなかった。没後五十年以上経った今日、もはや忘れ去られた存在になりかけていたのである。

もっとも、厳密なことを言うなら、阿部正直は「中央気象台気象研究所」の所長職にまで上り詰めており、気象学の世界ではつとに知られる存在であった。戦前には『気象輯誌』『天気と気候』など専門誌への投稿も多数あり、一九三七（昭和一二）年と一九三九（昭和一四）年には、自身の研究の集大成となる浩瀚《こうかん》な書物を、それぞれ英文で出版している。しかし、前者の専門論文は邦語で書かれ、後者の研究書は太平洋戦争の始まる直前の出版であった。ために、第一級の気象学研究であったにもかかわらず、国外でその先駆性が評価される機会を逸することとなった。

また、阿部正直の雲研究は、動き、変容する対象を映像に記録する手段の探求でもあり、そのためになされた各種の実験は、映像技術進化史の歩みの再踏査にほかならなかった。エティエンヌ・ジュール＝マレーの「写真銃」、リュミエール兄弟の複合映写機「シネマトグラフ」、米人エドワード・マイブリッジの「エレクトロ・フォトグラフィ」、ルシアン・ブルの「ステレオフィルム」など、黎明期の動画から現代の三次元デジタル映像へ至る、映像技術探求者として科学史的に再評価する必要もある。実際、阿部の映像探求プロセスには、「シネマトグラフ」から三次元映像へと至る、視覚記録技術の進化史が内包されており、その意味で世界的にみて稀有の事例であった。

さらに、写真史的な観点から阿部正直の業績を評価することもできる。山雲の観察という口実の下で撮影された富士山写真は、今日ではもはや見ることの叶わぬ、戦前の山容を捉えた芸術写真の一種とみることもできる。遺産として残された資料体のなかには、富士山の写真家として有名な岡田紅陽の大判ビンテージ・プリントも含まれているが、撮影技術、写真乾板、プリント技法に通暁していた阿部正直が科学者の眼で撮影した「富士山と雲」の写真は、岡田の

図版六二 「富士の山雲」、ゼラチン・シルバー・オリジナル・プリント、年代未詳（阿部正直撮影）。

それとともに、日本の近代風景写真史に加えられて然るべき高度な質を備えている［図六二］［図六三］。

他方で、気流、流体、水蒸気、運動をめぐる各種の科学実験を記録した写真は、第一次世界大戦後のヨーロッパに新興した抽象写真と比肩し得るモダニズム写真の一遺産として再評価されて然るべきである。思えば、「フォト・セセッション」の写真家アルフレッド・スティーグリッツ（一八六四―一九四六）が「雲」の連作を撮り始めたのは、一九二二（大正一一）年のことであった。

阿部正直は研究論文以外の執筆活動をあまりおこなってこなかった。寺田寅彦や中谷宇吉郎は随筆の名手として知られ、自らの研究を平明な言葉で人々に説いた。それに対し、「元来筆を執ることをあまり好まない私には、論文以外の一般執筆は、はなはだ苦手」であると言う阿部正直は、あくまで客観的な記述にこだわった。たしかに、筆致は簡素にして、飾りけがない。しかし、一般公衆へと語りかけることをまったくしなかったわけでもない。最晩年には見事な文体で雲にまつわる話を随想に纏めている。

その回想録の表題に選ばれた「つるし雲」は、富士の風下に出現する特殊な雲である。この雲は、定位置に止まっているように見えながらも、絶えず新陳代謝を続けている。新妻直子との世界巡遊の途上、シチリア島のエトナ山上空に出現する「風の伯爵夫人」（コンテッサ・デル・ヴェント）の話を聞かされた正直は、その白雲の生成の謎を解き明かすべく、富士の山雲研究へ身を投じ、やがて「雲の伯爵」と呼ばれるようになった。

図版六三　「逆さ富士」（仮題）、ゼラチン・シルバー・オリジナル・プリント、年代未詳（岡田紅陽撮影）。

阿部正直略年譜

一八九一（明治二四）年

一月九日、備後国福山藩の第十代藩主であった父正桓、母篤子の長男として東京に生まれる。

一八九八（明治三一）年

二月、両国の料亭「二洲楼」で初めて「カツドウ」を見る。

一九〇三（明治三六）年

学習院初等科を卒業する。

一九〇九（明治四二）年

学習院中等科を卒業する。

一九一四（大正三）年

父正桓の死去にともない、家督を相続し、阿部宗家第十五代当主となる。伯爵を襲爵する。

一九一六（大正五）年

三月、第八高等学校（現名古屋大学教養部）を卒業する。

七月一七日、陸奥棚倉藩の第二代藩主であった阿部正功子爵と正室照子の娘直子と結婚する。

一九一七（大正六）年

妻直子とのあいだに長男正道が生まれる。

一九二二（大正一一）年

東京帝国大学理科大学実験物理学科を卒業する。

一九二三（大正一二）年

科学研究のため、妻直子をともない、半年間のイギリス留学。その後半年をかけて欧米各地を旅行し、翌年四月に帰国する。

一九二五（大正一四）年

一月、理化学研究所の「無給嘱託」となり、感光剤と写真乾板の化学研究をおこなう。

寺澤寛一、寺田寅彦らの勧めで、立体写真、立体映画を用いた雲研究に取り組み始める。

一九二七（昭和二）年

静岡県御殿場に「阿部雲気流研究所」を創設する。

コマ落としムービー撮影、ステレオ写真撮影で得られたデータを基にした山雲研究を本格化し、論文発表を始める。

一九二九（昭和四）年

雲の立体構造と気流の動きに関して、地形実体模型を用いた風洞実験を始める。

一九三〇（昭和五）年

七月から一二月まで、二度目の外遊。欧米各地の気象観測所ほかを視察する。

一九三二（昭和七）年

電接時計装置を用いた自動同時並行撮影機器を考案する。

一九三五（昭和一〇）年

地物による可照時間の測定装置「地形日照儀」を考案する。

一九三六（昭和一一）年

「阿部雲気流研究所」に木造で地上二階建て地下一階の新観測所を増築する。

一九三七（昭和一二）年

中央気象台の「気象観測事務嘱託」となり、それにともない「阿部雲気流研究所」は中央気象台の「委託観測所」となる。

七月御殿場の研究所に「雲気流参考館」（後の阿部雲気流博物館）を附設する。

「中央気象台欧文報告」の一冊として欧文著作『富士山付近における雲の配置と動きの研究』を刊行する。

一九三九（昭和一四）年

大日本気象学会の『気象集誌』に「富士山雲の雲形分類」を発表する。

一九四一（昭和一六）年

一月九日より中央気象台産業気象課の勤務始まる。

五月七日、「大日本航空技術協会研究員」となる。

九月、台北において皆既日食時の雲生成・降雨を観測。全天写真機による雲の撮影をおこなう。

論文「山雲の形と気流」を東京帝国大学へ提出し、一〇月一三日に「理学博士」の学位を受ける。

一九四二（昭和一七）年

一月二四日、「気象技師高等官四等」となる。中央気象台研究課が発足し、同日より同研究課に気象技師として勤務を始める。

一九四三（**昭和一八**）**年**

全天写真機の映像撮影機器化を試みる。

一九四四（**昭和一九**）**年**

三月三一日、「気象技師高等官三等」となる。六月一日、「運輸通信大臣賞」を受ける。

一九四五（**昭和二〇**）**年**

三月一日、「中央気象台御殿場臨時出張所長兼務」となる。六月一二日、帝国学士院より「伯爵鹿島萩麿記念賞」の賞碑および賞金を受ける。

一九四六（**昭和二一**）**年**

三月三〇日、「中央気象台研究部気象物理研究室長」となる。

五月九日、稚内において皆既日食を観察し、雲を全天写真機により撮影する。

科学教育映画『雲と気流』（理研科学映画）を制作する。

一九四七（**昭和二二**）**年**

「中央気象台気象研究所」の創設にともない、四月三〇日、初代「研究所長」に就任する。

本郷西片の本邸を「国土計画」に売却し、写真スタジオ「鷹ノ羽写場」の経営に乗り出す。

一九四九（**昭和二四**）**年**

六月三〇日、中央気象台を退職、鎌倉の浄妙寺門前へ引っ越す。

一九五〇（**昭和二五**）**年**

気象協会発足当初の役員理事を務める。

一九五一（昭和二六）年

岩波写真文庫『雲』の出版を監修する。

一九五二（昭和二七）年

写真スタジオ「鷹ノ羽写場」を閉場する。

一九五五（昭和三〇）年

五月八日、西片町に「私立阿部幼稚園」（現西片幼稚園）を創立し、園長となる。

秋、アパート「鷹ノ羽荘」の経営を始める。

一九六一（昭和三六）年

気象関係の功績が認められ、六月「気象記念日」に中央気象台から「岡田賞」を授与される。

遺稿集の原稿執筆を開始する。

一九六六（昭和四一）年

一月一日、幼稚園長在職中、心筋梗塞のため死去、享年七十四歳。谷中霊園の墓に眠る。

生前の功績により勲四等旭日小綬章を受ける。

一九六九（昭和四四）年

遺著となる随筆集『つるし雲』が、ダイヤモンドグループから刊行される。

阿部正直著作抄録

阿部正直・阿部直子『旅影――欧米の旅にて撮影』（私家版）、［東京］、一九二四年

阿部正直「気流の渦に生じた雲の活動写真による研究」、『気象輯誌』（第二輯）、第五巻七号、大日本気象学会、一九二七年、一四九―一六〇頁

Masanao Abe, Cinematographic Studies of Rotary Motion of a Cloud Mass near Mount Fuji, *Geophysical Magazine*, vol.I, no.5, The Central Meteorological Observatory, Tokyo, 1926-28, pp.211-231.

阿部正直「活動写真に依る雲の動きから見た富士山の気流」、『気象輯誌』（第二輯）、第七巻五号、大日本気象学会、一九二七年

Masanao Abe, Local air Current of Mt. Fuji as Observed by the Motion of Cloud by the Aid of Cinematograph, *Geophysical Magazine*, vol.III, no.2, The Central Meteorological Observatory, Tokyo, 1930, pp.45-61.

阿部正直「昭和三年十一月廿四日の富士山の風雲」、『気象輯誌』（第二輯）、第八巻八号、大日本気象学会、一九三〇年、二八三―二八八頁

阿部正直「観測瑣談――白色の狐」、『気象輯誌』（第二輯）、第八巻八号、大日本気象学会、一九三〇年、二九五―二九六頁

阿部正直「片積雲の特殊雲形に就て」、『気象輯誌』（第二輯）、第九巻一一号、大日本気象学会、一九三一年、六三四―六四〇頁

阿部正直「富士山の奇雲」、『子供の科学』、第一四巻三号、誠文堂子供の科学社、一九三一年八月、頁なし

阿部正直「富士山の吊し雲に就て」、『気象輯誌』（第二輯）、第一〇巻一号、大日本気象学会、一九三二年、一九—二五頁

Masanao Abe, The Formation of Cloud by the Obstruction of Mt. Fuji, *Geophysical Magazine*, vol.VI, no.1, The Central Meteorological Observatory, Tokyo, March 1932, pp.1-10, 3 Plats.

阿部正直「気流実験による富士山頂の風向に就て」、『気象輯誌』（第二輯）、第一〇巻一二号、大日本気象学会、一九三二年、六六七—六七〇頁

阿部正直「要法——風信自記紙の合せ目にペンの支える事を防ぐ簡単な一案」、『気象輯誌』（第二輯）、第一一巻一号、大日本気象学会、一九三三年、三三頁

阿部正直「異常の高度を示す高積雲型の雲」、『気象輯誌』（第二輯）、第一二巻七号、大日本気象学会、一九三四年、三七二—三七七頁

阿部正直「地物による可照時間測定装置に就て」、『気象輯誌』（第二輯）、第一三巻一一号、一九三五年、五二一—五二八頁

阿部正直「地形日照儀（地物による可照時間測定装置）」（私家版）、無刊記、一—一一頁

Masanao Abe, Topohéliomètre : Un appareil spécial pour l'observation de la durée d'insolation par rapport aux objects sur le terrain, *Geophysical Magazine*, vol.X, The Central Meteorological Observatory, Tokyo, 1936, pp.397-410.

阿部正直「富士山の雲形と其機巧並びに気流実験」、『気象輯誌』（第二輯）、第一四巻二号、大日本気象学会、

一九三六年、二六―三四頁
阿部正直「つるし雲」、『天気と気候』（中央気象台測候研究会編集）、第三巻八号、地人書館、一九三六年八月、二六頁
阿部正直「青空に描いた光芒」、『天気と気候』（中央気象台測候研究会編集）、第三巻一〇号、地人書館、一九三六年一〇月
阿部正直「風信器用自記ペン代用としての小車利用の一考案」、『天気と気候』（中央気象台測候研究会編集）、第四巻七号、地人書館、一九三七年七月、一九頁
阿部正直「雲形と気流（二）――積乱雲」、『天気と気候』（中央気象台測候研究会編集）、第四巻七号、地人書館、一九三七年七月、二〇―二二頁
Count Masanao Abe, *Distribution and Movement of Cloud around Mt. Fuji Studied Through Photographs, At the Abe Cloud and Air Current Research Observatory*, Gotemba, Near Mt. Fuji, July 1932 to August 1933,『中央気象台欧文報告』、第六巻一号、Published by The Central Meteorological Observatory, Tokyo, 1937.
阿部正直「富士山の吊し雲と其機巧」、『気象輯誌』（第二輯）、第一七巻四号、大日本気象学会、一九三九年、一―一二頁
阿部正直「富士山の吊し雲と其機巧」、『中央気象台彙報』、第一五巻、中央気象台、一九三九年、一八三―一九二頁
阿部正直「富士山の雲形分類」、『中央気象台彙報』、第一五巻、中央気象台、一九三九年、二三六―二五四頁
阿部正直「富士山の雲形分類」、『気象輯誌』（第二輯）、第一七巻五号、大日本気象学会、一九三九年、一―

二〇頁
阿部正直「箱根山に於ける可照時」、『気象輯誌』（第二輯）、第一七巻六号、大日本気象学会、一九三九年、三一一四二頁
阿部正直「模型実験から見た霧ヶ峰の気流」、『航空気象報告』、第五巻三号、無刊記（一九三九／四〇年）、二七三一二八六頁
阿部正直「昭和十五年前橋付近における積乱雲写真調査報告書」、『航空気象報告』、第六巻一号、無刊記（一九四〇年）、七四一九四頁
Masanao Abe, Mountain Clouds, Their Forms and Connected Air Current, Doctoral Thesis, Tokyo Imperial University, 1941.
Masanao Abe, Mountain Clouds, Their Forms and Connected Air Current, *The Bulletin of the Central Meteorological Observatory of Japan*, Vol.VII, No.3, Tokyo, 1941, pp.93-145.
阿部正直「夏三景──夏雲」、『婦人之友』、第三五巻七号、一九四一年七月、頁なし
Masanao Abe, Topohéliomètre : Un appareil spécial pour l'observation de la durée d'insolation par rapport aux objets sur le terrain, *Geophysical Magazine*, Vol.X, nos.3/4, The Central Meteorological Observatory, pp.397-410, 2 Planchs.
阿部正直「富士の吊し雲」、『アサヒカメラ』、第三三巻四号、東京、朝日新聞社、一九四二年四月、二五九頁
阿部正直「山岳気流状態の研究」、『気象輯誌』（第二輯）、第二〇巻三号、大日本気象学会、一九四二年、一一九頁

阿部正直「雲を撮る——雲の研究」、『報道写真』、第二巻七号、一九四二年七月、八六—八八頁

阿部正直「雲の表情」、『科学朝日』、第二巻八号、東京、朝日新聞社、一九四二年八月、七—一三頁

阿部正直「夏の雲」、『科学朝日』、第二巻八号、東京、朝日新聞社、一九四二年八月、七六—七七頁

阿部正直「富士山の雲」、『岳』（川崎隆章編）、東京、山と渓谷社、一九四三年、二〇九—二一二頁

阿部正直「雲と映画」、『映画技術』、第五巻五号、東京、一九四三年五月、三—五頁

阿部正直「夏の雲」、『国民学校新教材による自然観察の教室』（朝日新聞社科学朝日編集部編）、東京、朝日新聞社、一九四三年、五六—五八頁

阿部正直・清水良作・安藤正次「昭和十六年九月二十一日皆既日食時に於ける雲」、『気象輯誌』（第二輯）、第二一巻一二号、大日本気象学会、一九四三年、一—一五頁

阿部正直「雲の研究に利用した立体活動写真装置に就て」、『気象輯誌』（第二輯）、第二二巻六／七号、大日本気象学会、一九四四年、一—七頁

阿部正直「入道雲」、『科学の世界』、第一巻六／七号、東京、高山書院、一九四六年八月、九—一〇頁

阿部正直「気象をはかる『たこ』」、『動く実験室——少年少女の科学雑誌』、第二巻三号、東京、一九四七年三月、二二—二三頁

阿部正直「四月の昼空」、『科学朝日』、第七巻四号、東京、朝日新聞社、一九四七年四月、三四—三五頁

阿部正直「富士山の雲」、『自然』、東京、中央公論社、一九四八年七月、二—一五頁

Masanao Abe, *The Observation of the Change of Cloud Amount Connected to the Annular Eclipse at Wakkanai (Hokkaido) on 9th May, 1948*, Solar Eclipse Committee (National Research Council of Japan), Provisional

Reports of Observation of the Annular Eclipse on May 9, 1948, s.d.s.p.(Tokyo, 1948), pp.66-69.
阿部正直「寒い冬」、『中学一年の学習』、第二巻一〇号、東京、一九四九年一月、二頁
阿部正直「富士山の雲形と烟の形」、『山と渓谷』、第一二六号、東京、山と渓谷社、一九四九年一〇月、六二—六七頁
阿部正直「全天活動写真の実用化について」、『気象輯誌』（第二輯）、第二八巻一号、大日本気象学会、一九五〇年一月、二一—二六頁
阿部正直・清水良策・久保清「谷型模型の気流」、『中央気象台研究時報』、第一巻特別号、中央気象台、一九五〇年二月、六七—七五頁
阿部正直「群馬県における雷雲の写真調査」、『雷の研究』（日本学術振興会第九特別委員会編）、東京、電気書院、一九五〇年、九—一五頁
阿部正直監修『雲』（岩波写真文庫二〇）（岩波書店編集部編）、東京、岩波書店、一九五一年
阿部雲気流研究所発行『富士山の雲』（絵葉書第一集）、静岡、阿部富士山雲形館、刊行年未詳
阿部雲気流研究所発行『富士山の雲』（絵葉書第二集）、静岡、阿部富士山雲形館、刊行年未詳
阿部正直『富士山と雲』、静岡、阿部雲気流博物館、刊行年未詳
阿部正直『富士山と雲』、静岡、阿部雲気流研究所、無刊記。全九頁
阿部正直『つるし雲』（清水良策編）、東京、ダイヤモンドグループ、一九六九年

参考文献抄録

大森明恍「富士を描いて三十年」、『芸術新潮』、第七巻八号、一九五六年八月、三五頁

畠山久尚「雲の研究家、阿部正直」、『天気』（日本気象学会機関誌）、第一三巻七号、一九六六年七月、一—二頁

川口明代「文京にたどる武田五一の足跡」、『文京ふるさと歴史館だより』、第一二号、二〇〇五年四月、二—三頁

Helmut Völter, *Cloud Studies: Six stations of scientific cloud photography, Documentation, in Skies and Seas: Über kunstlerrische Praktiken des Sammelns und des Archives, Gunter Karl Bose, Axel Topfer, Helmut Völter*, Museum für Photographies, Braunschweig, 6 May–20 June 2010.

Helmut Völter, *Masanao Abe's Cloud Studies, Archive overview*, s.l. (Leipzig), s.d.

Helmut Völter, *Wolkenstudien: Cloud Studies: Études des nuages*, Spector Books, Leipzig, 2011.

Yoshiaki Nishino, *Le Comte de Nuages : Abe Masanao face au Mont Fuji*, The University Museum, The University of Tokyo, 2015.

Helmut Völter, *The Movement of Clouds around Mount Fuji: Photographed and Filmed by Masanao Abe*, Spector Books, Leipzig, 2015.

Jacqueline Salmon, *du vent du ciel et de la mer*, Le Havre, MuMa : Musée d'Art Moderne Andre Malraux, Éditions Loco, octobre 2016.

白石愛編『東京大学総合研究博物館所蔵阿部正直コレクション総目録（一）』（東京大学総合研究博物館標

本資料報告第一〇九号）、東京大学総合研究博物館、二〇一六年

Helmut Völter, *The Movement of Cloud around Mt. Fuji Photographed and Filmed by Masanao Abe*, Back Cover, no.7, Editions B42, nov. 2016, pp.30-35.

阿部正直博士没後五十周年記念展『雲の伯爵――伯は博を志す』図録、御殿場市教育委員会、二〇一六年一二月

白石愛編『東京大学総合研究博物館所蔵阿部正直コレクション総目録（二）ガラス乾板写真一』（東京大学総合研究博物館標本資料報告第一一四号）、東京大学総合研究博物館、二〇一七年

勝俣竜哉＋勝間田仁美＋加藤豊三編著『遺稿集（草稿）』、御殿場市教育委員会社会教育課、二〇一七年三月

Eva Kraus (produced by), *Von der Kunst, ein Teehaus zu bauen; Exkursionen in die Japanische Asthetik*, Neues Museum, Staatliches Museum für Kunst und Design Nurumberg, Verlag für Moderne Kunst, 2017, pp.124-131.

Yoshiaki Nishino (Introduction by), *Att mata moln: Berget Fuji genom Masanao Abes ogon*, Gustavianum, Uppsala Universitet, 2018.

日本カメラ博物館運営委員会『フィルムカメラ展』図録、日本カメラ博物館、二〇一八年一〇月

井桜直美「華影《はなのかげ》――華族たちの絵画主義ピクトリアリズムを追って」展図録、JCIIフォトサロン、二〇一九年二月

「備後国福山藩主阿部家資料」、『文京区指定文化財の指定について』（文京区教育委員会）、二〇一九年三月一日公示（未公刊）

クリスチャン・ポラック＋鈴木真二共編『日仏航空関係史』、東京大学出版会、二〇一九年五月

あとがき

「阿部正直」の名前を知るようになったきっかけは、思いがけぬものであった。二〇一三（平成二五）年春のことだったと記憶するが、ドイツのライプツィヒからひとつの小包がわたしの職場に届けられた。差出人にはヘルムート・フェルターとある。心当たりのない名前だった。包みを開けてみると、二冊の冊子が入っていた。ひとつは雲をテーマとする展覧会図録であり、もうひとつは「阿部正直雲研究アーカイブ概観」とのドイツ語表題の賦された冊子であった。

同封されていた手紙でフェルター氏曰く、図録に収載されている、富士と山雲の写真は、附随する気象観測データとともに日本にあり、所有者が急いでそれらの落ち着き先を見つけたがっている。六月中に引き取りを済ませねばならないとの差し迫った制約がありはするも、大学博物館としてこのコレクションに興味がないか、と問い合わせてきたのである。

ドイツから恵贈されたブラウンシュヴァイク写真美術館発行図録の写真は、戦前の富士山の姿を、そこに生じた山雲とともに捉えたもので、実に新鮮な感覚を有していた。写真がすべて裏焼きになっていたのはご愛敬である。ガラス乾板からじかにデータが取られたため、そのようなことが起こったのであろう。そのことを差し引いても、現在ではもはや見ることの叶わぬ、往時の富士山の姿を直截に伝える高画質モノクロ写真が、人目に触れぬまま、かくも大量に残されているという事実は驚きであった。すぐに頭をよぎったのは岡田紅陽の写真である。岡田は富士山の写真家としてあまりにも有名であり、美しい富士の姿を多く残した。「神国日本」を象徴する霊峰富士のイメージは、岡田の写真によってかたちづくられてきたと言っても過言でない。

しかし、阿部正直の写真は、それらとまったく性格の異なるもののように感じられた。岡田の写真は、風景写真を得意とする職業写真家ならではのもの。

故に、ある種の「作為」を感じさせる。構図にしても光線にしても、絵画芸術的な傾向を目指そうとする、職人的操作が詰め込まれているからである。そうした写真家ならではの暗室作業は、常套的な手法に依存しているため、ときに写真そのものを古臭いものに見せかねない。しかし、阿部正直の写真はそうでなかった。大方の写真が同じ場所、同じアングルで、富士山を、堂々と真正面から捉えて衒《てら》いなく、その直截性が、モダンな感覚を醸し出していたからである。

職業写真家の写真と阿部正直のそれとの違いが拠って来るところについては、フェルター氏の手紙を読んですぐに得心がいった。阿部正直は「科学者」だったのである。さらに正確を期すとするならば、東京帝国大学理科大学実験物理学教室を優秀な成績で卒業し、後に気象学研究における業績が認められ、理学の博士号を授与された学究であった。したがって、阿部正直の写真は、「芸術写真」でも、「商業写真」でもなく、「科学写真」だったのである。

科学研究の過程で生み落とされた写真には、職業写真家にありがちな作為や粉飾がいっさいない。現実を銀塩で記録した写真として、ストレートであり、クールであり、結果としてコンテンポラリーなのである。富士山の世界遺産登録が話題になっていた時期でもあり、引き取りまでの時間がわずかしか残されていなかったとはいえ、富士山写真のコレクションの受け入れを躊躇《ためら》う理由などどこにもなかった。フェルター氏に当方の考えを伝え、コレクションの現状について詳細を教えて頂きたい、と返信した。

返事はすぐに来た。驚いたことに、コレクションは文京区西片にあった。本郷キャンパスにある総合研究博物館から菊坂を下ったところ、歩いてすぐの場所にある「御蔵」に保管されているというのである。さらに驚かされたのは、「阿部正直」の出自であった。正直の一族は、幕末の日本で開国派に与《くみ》し、「日米和親条約」の締結にあたり幕府側で対応にあたった「老中」阿部正弘の家督を継承しているというからである。

阿部家は備後福山十万石の藩主として、その正弘を筆頭に、代々徳川家へ仕えてきた由緒ある大名家であった。明治の「華族令」で伯爵家を名乗るようになってからも、現在の文京区西片一円にあった旧福山藩中屋敷、通称「丸山屋敷」の広大な敷地を所有していた。「阿部正直」は、紛れもない、阿部宗家の第十五代当主にあたる伯爵で、市井の「学者」として、富士山とその山雲に関する膨大な気象学的視覚データを後代に残した。ばかりか、備後福山を治めた阿部一族の精神、財産の正統な継承者だったのである。その「阿部正直」ゆかりのモノで溢れ返った「御蔵」が、つまらぬものであろうはずがなかった。

阿部伯爵家の遺産を管理する一般社団法人「蟲喰鷹ノ羽」代表理事阿部正紘氏との慌ただしい交渉を経て、二〇一四(平成二六)年に東京大学総合研究博物館は阿部一族が代々継承してきた遺産の一部、とくに学術関係史料の寄贈を受けることになった。東京大学はそのキャンパスが阿部家本邸のあった本郷西片町の隣地にあり、家長の正直は帝大理科大学を卒業し、学位を得ている。そうしたこともあり、コレクションの東京大学への寄贈は、関係する周囲の人々の理解を得やすかったのかもしれない。

寄贈を受けて以来、総合研究博物館では資料を分類整理し、クリーニングする作業を続けた。予想されたことでもあったが、正直の遺産の総体は膨大な量に上った。昭和初期から二〇年代後半に至る気象観測シート(山雲の写真を貼付した台紙)、公刊された著作・論文、私的な日記、雑録、メモなどの文字資料、大判プリント、密着、ガラス乾板、ステレオ写真などの画像、三十五ミリ・シネフィルムなどの映像ほか、資料は多岐に亘る。そればかりか、東京帝大理科大学で学んだ実験物理学系技術知、生来の発明家としての才能、豊かな財力を生かして購入された、当時の国際水準からみて第一級の先駆的な観測装置、計測機器、撮影機材、上映機器、分析機器、さらには自宅に設けられた研究室で試作された実験装置といったものも、なまじの想像を超える量に上った。ガラス乾板三千五百点超、大判紙焼写真二百点超、シネフィルム一千本超など、数えられるものの方がむしろ少ないほどであった。

資料の整理を進めるなかで、阿部正直コレクションが稀少性において傑出していること、またこれまで手つかずのまま知られずにあったこと、さらに名門伯爵家の遺産であることから質的にも優れたものであること、そうしたことが次第にわかってきた。かくも興味深く、また価値の高いコレクションの存在を世間に知らしめることに躊躇があってはならない。ということで、寄贈資料の登録と整理が済み次第、フランス国立ケ・ブランリト美術館との交流事業の一環として、パリで阿部コレクションの紹介展をおこなうことにした。

ユネスコが富士山を世界文化遺産と認定して間のない時期のことであった。戦前のものとはいえ、富士の山雲研究を主軸とする展覧会をパリで開催することは、軽佻浮薄な考えと受け取られる虞《おそれ》もなくはなかった。不安もあったが、それを凌駕する動因もあった。テーマが富士である、ということよりも先に、モノクロのビンテージ大判プリントであり、流動する富士の山雲をひたすら追い続けた無声ムービーであり、「サムライ」精神を核に先駆的な映像実験を重ねた科学的なチャレンジである。展示企画が内包するそれらの側面は、まさしくフランス人の性向に適う。眼の肥えた公衆の関心を呼ばぬわけがないと考えたのである。「殿様」の家に生まれた「お坊っちゃま」の映像科学的探求は、同時代の人々から「酔狂」とみなされはしたものの、二十一世紀初頭のパリで立派な認知を得ることになったのである。

「阿部正直」の業績を再評価する動きは、パリでの公開の後、総合研究博物館「インターメディアテク」での国内展を経て、スウェーデンでの展覧会に継承された。二〇一七（平成二九）年九月から翌年二月にかけ、日本とスウェーデンの外交樹立百五十周年事業としてウプサラ大学の「グスタヴィアヌム」で開催された展覧会『雲の計測——阿部正直の眼を通した富士山』は、思わぬかたちで日瑞学術交流の一端を垣間見せるものとなった。

寡聞にして知らなかったのであるが、スウェーデンは「雲研究」（クラウド・スタディーズ）の発動国であり、その旗手を務めたのがウプサラ大学の教授ヒューゴー・ヒルデブランド＝ヒルデブランドソン博士であった。博士は「国際雲委員会」を組織し、それまで国ごとにバラバラであった雲の名称を国際標準化すべく、雲の類型学を確立することに貢献している。ヒルデブランドソン博士はその功績が認められ科学アカデミーの会員となった。雲の類型学の確立が、雲研究のみならず、気象学全般に大きな寄与をなしたことは言うまでもない。それればかりか、正直が挑戦したような、雲研究のシステマティックな探求を誘発することになったのである。

本書を書くにあたって、「阿部正直」という人物が否応なく背負い込まざるを得なかった「煩悶」「矜持」「確執」「時代」を読者に伝えたいと思った。

「煩悶」というのは、福山の阿部家という有力大名の家督を継承したことに由来する。本人は名門伯爵家の嫡男として特別扱いされることを忌み嫌い、平凡な一庶民としての暮らしを夢見たものの、生活の様々な局面においてそれを叶えることができなかった。正直自ら『遺稿集（草稿）』のなかで、大名家ならではのライフ・スタイルがいかに形式主義的なものであったかを綴っている。幼い頃、藩主の家柄にある者として武術や弓術の鍛錬が生活のなかで生きていたと書いているが、遺産のなかに残されていた名残の品々を見るにつけ、出自の特殊性を感じさせられたものである。

「矜持」もまた、その拠って来るところは同じである。将来の道として貴族院議員を目指さないこと、学術研究機関から禄をはむなど旧「大名家」の嫡男にあるまじきこととされ、周囲から反対された正直は、伯爵を名乗る者としてできること、社会の役に立つことをしようと考え、山雲研究と取り組むことになった。そのための手段の探求にしても、研究成果の社会への還元にしても、人の役に立つこと、実学的な側面を決して見失うことがなかった。社会的な地位に安住してはならない。その思いは正直をして必要以上に謙虚な人物たらしめた。正直の「堅物」ぶりは、ときに滑稽なものにさえ映る。

「確執」もあった。資産家であった正直は、潤沢な資金にものを言わせて海外から最新の研究機材を次々と取り寄せ、それらを駆使して国際的に通用する画期的な研究成果を生み出すに至った。とはいえ、それは学術界と一線を画した市民学者の営みにすぎず、明治時代から此方、学問の優位性を独占してきた「帝大」の権威を揺るがすことにほかならない。帝大教授藤原咲平をはじめとする斯界の権威が、民間人から研究データの提供を受け、最終的に学位を付与せざるを得なくなる。正直は自力で帝大の「権威」に打ち勝った、とみることができる。

「時代」もあった。昭和の初めから正直が蓄積してきた観測データは、時代の推移するなか、中央気象台の観測体制に組み込まれ、太平洋戦争の時代に入ると「軍機」として陸軍に接収され、御殿場での観測活動や啓蒙活動の停止を余儀なくされた。「科学者」としての正直の学術的な功績が、戦後長く顧みられずにあったのも、そうした時代状況が災いしたためであった。

しばらく前のことになるが、フランスで流体研究の学究と話をする機会があった。富士山をホームグラウンドとして、気流と山雲の相関性について調べた「阿部正直」なる日本人を知っているかと尋ねたところ、もちろん、と当然のような顔で返事を返してきた。「阿部正直」の功績は学術の世界で、いまなお生き続けている。そのことを実感させられた瞬間であった。

本書の眼目は、富士をめぐる気流と山雲の観測に生涯をかけ、「雲の伯爵」の異名をとった「阿部正直」の存在を広く伝え、その仕事の再評価を促すことにある。正直は山雲の観測を続けるなかで、富士の外貌を、昭和初期から終戦直後まで、精細な気象データとともに記録し続けた。富士の世界遺産登録が話題になったのはすでに数年前のことになる。正直の残した、戦前の富士をめぐる資料は、今なお存在意義を失っていないのである。

本書の出版にあたって多くの方々からご協力を頂いた。社団法人「蟲喰鷹ノ羽」の関係各位には阿部正直遺産の寄贈とともに惜しみないご支援を賜り、感謝の言葉もない。わけても代表理事阿部正紘、ならびに阿部正美の両氏には、実務的なことも含め、全幅の協力を頂いた。ここに改めて記して、御礼を申し上げたい。また、研究の端緒を拓き、加えて資料まで提供して下さったヘルムート・フェルター氏、『遺稿集』『遺稿集（草稿）』を整理された御殿場市教育委員会の各位、さらに阿部コレクションのアーカイブ化を進めた白石愛、大澤啓の同僚諸氏に、この場を借りて感謝の意を表したい。

最後になったが、紙モノの出版不況に歯止めがかからぬなか、本書の出版を引き受けて下さった平凡社には感謝している。とくに出版に絡む煩雑なお仕事をこなして下さった竹内涼子さんに改めて御礼申し上げたい。

二〇一九年七月

西野嘉章

西野嘉章（にしの・よしあき）

一九五二年生まれ。一九八三年東京大学人文科学研究科博士課程中退。博士（文学）。現在、東京大学総合研究博物館インターメディアテク館長・特任教授。著書に『十五世紀プロヴァンス絵画研究』（一九九四年、岩波書店）、博物館工学三部作『博物館学』『大学博物館』『二十一世紀博物館』（一九九五年、一九九六年、二〇〇〇年、東京大学出版会）、『装釘考』（二〇〇〇年、玄風舎）、『ミクロコスモグラフィア』（二〇〇四年、平凡社）、『東京大学』（監修、二〇〇五年、東京大学出版会）、『チェコ・アヴァンギャルド』（二〇〇六年、平凡社）、『Chamber of Curiosities from the Collection of The University of Tokyo』（二〇〇六年、赤々舎）、『鳥学大全』（共編著、二〇〇八年、東京大学出版会）、『西洋美術書誌考』（二〇〇九年、東京大学出版会）、『新版　装釘考』（二〇一一年、平凡社）、『浮遊的前衛』（二〇一二年、東京大学出版会）、『モバイルミュージアム　行動する博物館』（二〇一二年、平凡社）、『インターメディアテク』（二〇一三年、平凡社）、『装釘考（繁体字版）』（二〇一三年、臺灣大學出版中心）、『前衛誌――未来派・ダダ・構成主義』（外国編）（二〇一六年、東京大学出版会）、『行動博物館（繁体字版）』（二〇一六年、藝術家出版社）、『村上善男』（二〇一七年、玄風舎）、『前衛誌――未来派・ダダ・構成主義』（日本編）（二〇一九年、東京大学出版会）等がある。展覧会企画・図録に『東アジアの形態世界』『歴史の文字』『学問のアルケオロジー』『眞贋のはざま』『マーク・ダイオンの「驚異の部屋」』『プロパガンダ 1904-45』『グローバル・スーク』『学術標本の宇宙誌』『東京大学コレクション』『鳥のビオソフィア』『維新とフランス』『アントロポメトリア』『形と力』『逸脱美考』『マリリンとアインシュタイン』『東大醫學』『Le Comte des nuages』『植物画の黄金時代』『ルドベック・リンネ・ツュンベルク』『メガロマニア植物学』『十九世紀ミラビリア博物誌』ほか。

雲の伯爵――富士山と向き合う阿部正直

発行日　二〇二〇年九月二五日　初版第一刷
著者　西野嘉章
発行者　下中美都
発行所　株式会社平凡社
〒一〇一―〇〇五一　東京都千代田区神田神保町三―二九
電話　〇三―三二三〇―六五七九［編集］
〇三―三二三〇―六五七三［営業］
振替　〇〇一八〇―〇―二九六三九
装釘・造本　西野嘉章＋山本浩貴
印刷・製本　秋田活版印刷株式会社

ISBN 978-4-582-83846-6
NDC分類番号 451.61
A5判（21.0cm）　総ページ 344
平凡社ホームページ　https://www.heibonsha.co.jp/